赚钱的底层逻辑

张国庆 ◎ 编著

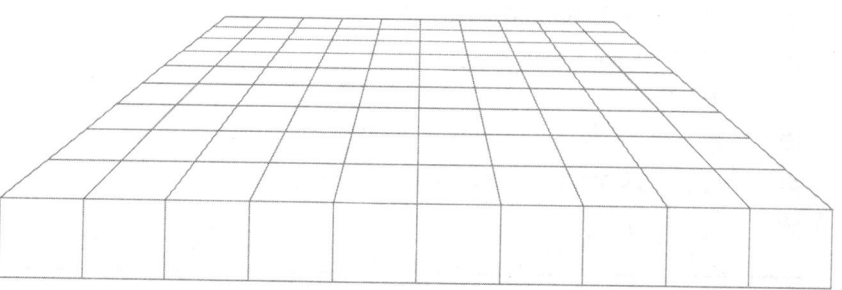

中国致公出版社·北京

图书在版编目（CIP）数据

赚钱的底层逻辑 / 张国庆编著. --北京：中国致公出版社，2024.10
ISBN 978-7-5145-2250-1

Ⅰ.①赚… Ⅱ.①张… Ⅲ.①创业—青年读物 Ⅳ.①F241.4-49

中国国家版本馆CIP数据核字(2024)第069596号

赚钱的底层逻辑 / 张国庆 编著
ZUANQIAN DE DICENG LUOJI

出　　版	中国致公出版社
	（北京市朝阳区八里庄西里100号住邦2000大厦1号楼西区21层）
发　　行	中国致公出版社（010-66121708）
责任编辑	颜士永
责任校对	吕冬钰
策划编辑	蔡　践
封面设计	天下书装
印　　刷	三河市众誉天成印务有限公司
版　　次	2024年10月第1版
印　　次	2024年10月第1次印刷
开　　本	710 mm × 1000 mm　1/16
印　　张	9
字　　数	129千字
书　　号	ISBN 978-7-5145-2250-1
定　　价	68.00元

（版权所有，盗版必究，举报电话：010-82259658）
（如发现印装质量问题，请寄本公司调换，电话：010-82259658）

前言

千百年来，金钱始终是一个人们绕不开的话题，它既是生活的基石，又是梦想的翅膀，更是自我价值的有力证明。特别是在这个几乎所有的东西都可以商品化的现代社会，赚钱已经成了我们不得不去追求的目标。

可是，赚钱并非一件容易的事情，尤其是对于无资金、无技术、无资源的普通人来说更是如此。大多数人起早贪黑、不分寒暑地辛勤劳作，一辈子身心疲惫却只能养家糊口、维持生计。然而我们也可以看到，许多曾经处于社会底层的人，一步步成为生活富足的中产，甚至成为万众瞩目的巨富。

为什么同样的出身，也同样都想努力赚钱，结果却有如此大的区别呢？这其中非常重要的原因就是，有的人只是盲目地奔波劳作，而有的人则是根据赚钱的底层逻辑去努力拼搏。

什么是底层逻辑？它是指事物间的基本规律和原则，是事物本质和运行规律的核心。也指从事物的底层、本质出发，寻找解决问题路径的思维方法。通过研究底层逻辑，我们可以发现不同之中的相同之处、变化背后不变的东西，在不同领域——包括赚钱领域——找到问题的核心和解决办法。

信息时代，赚钱的途径和方式虽然不断更新，市场情况也日新月异，看起来似乎变幻莫测、难以琢磨，但是无论表面的现象怎么发展和变化，其底层规律都不会发生改变。

钱财的获取并非偶然，而是有着其内在的规律，需要我们去理解、去领悟。只有深入理解赚钱的底层逻辑，不断地学习、思考和实践，我们才能在赚钱的道路上少走弯路，拥有更加美好的未来。

《赚钱的底层逻辑》一书，正是为了帮助大家探寻赚钱的奥秘、揭示赚钱的本质和规律而诞生的。

本书旨在揭示赚钱背后的深层次原理，帮助读者在纵横交错的财富世界中找到属于自己的致富之路。书中分为层层递进的十二章，从心念到技能，从人脉到职场，从副业到创业，从商铺到电商，从自媒体到投资，再到久赚与守钱，每一个章节都蕴含丰富的哲理与智慧，同时本书也提供了许多实用的方法和技巧，旨在为读者构建一个全面而系统的赚钱知识和方法体系，帮助读者在赚钱的道路上走得更顺、更稳、更远。

此书并非一本教你快速实现财富自由的秘籍，也不是让人热血沸腾的励志读物，而是一部深入剖析赚钱本质、揭示赚钱规律的书籍。它告诉我们的，是那些朴素的、永恒的，甚至被大多数人当成耳旁风和陈词滥调的哲理。但是，对于出身平凡的普通人来说，只有认真琢磨，把它们研究透，才能发现赚钱的奥秘。

愿每一位读者都能从这本书中汲取智慧和力量，在创造财富的过程中去拥抱那些未曾触及的可能，从而改变命运的轨迹，实现人生的逆袭。

编著者

2024 年 5 月

目录

| 第一章 |

心念逻辑：突破心理卡点，别在毫无悬念的剧本里稳定地拮据着

◎一个人会走出什么样的路，取决于他的心念 / 2

◎只为眼前的苟且，等于白来世上一遭 / 4

◎甘于躺平、摆烂，怎么会有翻身的机会？ / 6

◎困住穷人的并非物质本身，而是心灵的枷锁 / 7

| 第二章 |

技能逻辑：没有突如其来的幸运，不肯努力者才会觉得努力无用

◎努力不一定能致富，不努力更难致富 / 12

◎先学会脚踏实地，再追求飞檐走壁 / 14

◎做事要高标，别总觉得差不多就行 / 16

◎如果梯子架错了墙，就别坚持继续爬了 / 18

| 第三章 |

人脉逻辑：建立并强化优质的人际关系，使人脉顺利转化为财脉

◎为什么有才华的穷人比比皆是？ / 22

◎主动建立与赚钱相关的人脉关系 / 24

◎求远不必舍近，在固有关系上多做文章 / 26
◎突破圈层，关键是要多结交成功的人 / 28
◎对人脉关系网进行必要的维护和更新 / 31

| 第四章 |

职场逻辑：快速升职加薪不仅要有知识，更要有正确的"姿势"

◎别瞧不起打工，它是多数人改变命运的入口 / 36
◎剖析自我，制订适合自己的职业发展规划 / 38
◎押对牌能赢一局，跟对人则赢一生 / 39
◎升职加薪要亮出"功劳"而非"苦劳" / 42

| 第五章 |

副业逻辑：通过兼职赚钱，实现从月光族到副业达人的华丽转身

◎不要等到失业时才知道副业的重要性 / 46
◎如何判断一个副业是否适合自己 / 48
◎普通上班族可以拥有的六大副业类型 / 50
◎注意协调，避免主业与副业发生冲突 / 52

| 第六章 |

创业逻辑：跳出常规思维，找到投资少、见效快的白手起家之路

◎创业是草根逆袭的重要途径之一 / 56
◎创业要优先考虑自己熟悉的行业 / 57
◎不盲目跟风，发现热点旁边的财富 / 59
◎普通人怎样筹集创业的启动资金 / 61
◎选择合伙创业必须掌握一定的技巧 / 64

| 第七章 |
商铺逻辑：选址精准是赢得商机的基石，设计独特是汇聚财富的法宝

◎选址：实体创业成败的关键因素 / 68
◎店铺选址前的地理与环境调查 / 69
◎采用多种方法进行实体店客流分析 / 72
◎店铺的外观是吸引顾客的第一逻辑 / 74
◎做好店内布局，提升购物体验 / 76

| 第八章 |
电商逻辑：借助网络平台，让每次点击都成为你财富的源泉

◎电商创业是普通人的绝佳选择 / 80
◎如何选择适合自己的电商平台 / 82
◎新手开网店，怎样解决货源问题 / 84
◎深入调研，找到质量上乘的热销产品 / 86

| 第九章 |
自媒体逻辑：掌握有效"涨粉"密码，让多种变现方式共同发力

◎做自媒体，要从自身的优势和兴趣出发 / 90
◎在众多的传播渠道中选择合适的平台 / 92
◎精心策划，创作出优质的自媒体内容 / 94
◎掌握自媒体直播的方法和步骤 / 96

| 第十章 |
投资逻辑：从赚钱到玩钱，通过合理的资产配置实现财富的增值

◎从资产配置的角度看待投资理财 / 100

◎ 普通人如何通过投资股票赚钱 / 102
◎ ETF："中场"类资产配置的理想选择 / 104
◎ 从现金类兜底资产中获得更多收益 / 107

| 第十一章 |
久赚逻辑：提升赚钱格局，创建可持续的生财系统才能走得更远

◎ 赚钱要注重长期的规划和策略 / 112
◎ 打造个人IP，财富会因你的口碑而源源不断 / 114
◎ 关注人的需求是长久赚钱的关键所在 / 116
◎ 摒弃传统竞争的思维，树立合作共赢的理念 / 117
◎ 加入或组建团队，用团队化模式赚钱 / 119

| 第十二章 |
守钱逻辑：用心守护来之不易的财富，别让它如流星般转瞬即逝

◎ 能赚钱却没剩下钱，问题到底出在哪里 / 122
◎ 过度消费会让我们陷入可怕的泥潭 / 124
◎ 怎样用钱，决定了一个人未来的走向 / 126
◎ 赚钱不能太保守，但必须防止冒致命的风险 / 128
◎ 致富后低调行事，以免被仇视或垂涎 / 131

主要参考文献 / 134

第一章 心念逻辑：突破心理卡点，别在毫无悬念的剧本里稳定地拮据着

心念，如同一根无形的引线，主宰着我们的人生轨迹。正所谓心念一转，万念皆转；心路一通，万路皆通。如果不想在毫无悬念的剧本里稳定地拮据着，就必须深入内心，突破那些阻碍你赚钱的心理卡点。这是由穷到富的首要前提和底层逻辑。

◎一个人会走出什么样的路，取决于他的心念

> 人生的改变源于心念的觉醒。要想变得有钱，必须先去改变那些导致你长期没钱的心念。

现代社会，物价上涨已成常态，各项支出在不断地增大，我们难免会产生手头拮据的感觉。一时的拮据谁都会遇到，但是如果一个人的拮据处于长期稳定的状态，一个很重要的原因就是此人的"心念"出了问题。

这里的心念，并非歌手汤非演唱的那首歌曲，而是指我们每个人心中的意念或思想，也可以理解为内心深处对某种事物产生的思考与渴求。

每个人的内心世界都是由各种心念构成的，这些心念会逐渐成为我们行为的指引，影响我们的选择和方向。一个人走什么样的人生之路，以及走得怎么样，并非偶然，其底层逻辑在于他的心念。

心念有着令人难以置信的能量，这些能量以不同的形式影响我们。积极、坚定的心念会让我们走上一条充满阳光和希望的道路；而消极、颓废的心念则会使我们陷入困境和迷茫之中，缺乏动力和方向。

心念可以左右我们的情绪和态度，引导我们的行为和决策，影响我们与他人的关系，进而决定我们的目标和梦想能否实现。正是不同的心念，创造了成功与失败、富裕和贫穷、天堂与地狱。

当我们拥有积极向上的心念时，我们的生活也将发生积极的变化。放下负面的情绪、负面的思想，学会控制自己的情绪和念头，我们就能感受到无穷的力量和能量，自信、勇气、智慧也会随之而来，困难无法阻挡我们，挫折无法打垮我们，我们会更加勇敢地追求自己的梦想。

所以，当生活不易的时候，尤其在人生的低谷之时，一定要检查一

下自己的心念是不是有问题。我们要深入内心，审视自己的观念和思维方式，通过心灵的升华来应对各种挑战。只要心念变了，一切都会随之而转。

需要注意的是，心念的问题无法靠行动来解决。

有人可能觉得，目前生活不如意的问题在于自己不够自律，或者没有明确的目标来激发自己的潜能，又或者没有掌握更高效的方法。但这些原因本质上都是行动层面的，它解决不了心念层面上的问题。

通常来说，如果是行动上的问题，需要的是改进和纠正自己的行动方法，前提是你的心念没跑偏，否则你所做的一切只是杯水车薪，甚至南辕北辙。而如果是心念上出现了问题，就需要通过思考、调整来改变自己的思维方式。一旦你的心念发生了根本性的改变，你就会发现那些行为指南、技巧方法一类的东西基本上可以无师自通。

举例来说，假设你是个胖子，看别人身材好、有马甲线，你有些羡慕，但更多的时候你认为胖瘦没多大关系，只要健康、开心就好。如果有这样的心念，就算你办了健身卡、报个私教课、每天站到体重秤上，也很难减肥成功。为什么？因为你没有渴望瘦下来、一定要瘦下来的心念。

换个角度，在财务上也是同样的道理。如果你认为钱多钱少没什么关系，如果你没有对金钱的渴望，就算你设定了赚钱的目标，有了一些挣钱的行动，也没有多大效果。

所以，一定不要把因果的逻辑搞颠倒了——如果可以，请重读上面的文字，你会有更多的感悟。

改变自己的心念不是一蹴而就的，它需要不断自我反思和总结，发现自己内心的瑕疵和缺陷，然后不断地进行调整和训练。这个过程也许让你不舒服，但它是一件非常有意义而且有价值的事情。只有这样，你才能不断提升自己的心智水平，在心灵上得到真正的升华，进而拥有更美好的生活。

◎只为眼前的苟且，等于白来世上一遭

不甘于眼前的苟且，人生才有盼头，才有诗和远方。

由高晓松创作、许巍演唱的《生活不止眼前的苟且》这首老歌，相信有很多人听过。其中的一句歌词，想必大家不会陌生："生活不止眼前的苟且，还有诗和远方的田野，你赤手空拳来到人世间，为找到那片海不顾一切。"

歌词如现代诗一般，带着满满的正能量，鼓励人们勇敢向前。然而，这些让人志向千里的话语，却被人狗尾续貂，有了另一番伤感、颓废的解读：

"生活不止眼前的苟且，还有远方的苟且。"

"生活不止眼前的苟且，还有旧爱发来的请帖。"

"生活不止眼前的苟且，还有看不懂的诗和到不了的远方。"

……

这些看似幽默的解读，折射出一些人贫乏无力的心念，是一种心穷的表现。

人在物质上暂时的贫穷其实并不可怕，最可怕的是心穷。心穷的人，往往缺乏远大的志向和追求，对未来缺乏信心和动力，只满足于眼前的苟且和安逸。他们的思维被局限在狭小的范围内，无法看到更广阔的世界和更多的可能性。心穷的人，可以断定他一辈子很难翻身。

有很多人年纪轻轻就失去了追求更高境界的动力和勇气，宁愿忍受着生活的苦，也不愿多求进步；宁愿在网游里苦苦厮杀，也不愿意多干半小时工作；宁愿一遍一遍刷着短视频，也没心思看看书，提高自己的技能。

第一章 心念逻辑：突破心理卡点，别在毫无悬念的剧本里稳定地拮据着

就这样左苟且、右苟且，我们到底要苟且多久？

过不了几年，我们就会眼睁睁地看着周围的同学、同事、邻居升职加薪，或者当上老板，"钱途"一片大好，瞬间把我们甩到身后。

不为眼前的苟且，是成功的底层逻辑。苟且的心念，会让人失去追求卓越成就的原动力。本来可以用十分的热情去赚钱，因为苟且而没有一点激情；本来可以全身心地投入，因为苟且而打不起精神来；本来可以把事情做到最好，因为苟且，没有做到最好就举杯庆贺了……

苟且的心念，会让人忽视危机的存在。今天平平安安地工作着，拿着薪水，忘记了被同事超越的可能，忘记了失业的可能。这样的生活方式太过脆弱，一些细微的改变，可能就会让人措手不及。

苟且的心念，会让人看不到更高的目标。取得一点点成绩，就沾沾自喜，停止了前进的步伐，结果被不愿苟且的人超越。

我们从小就开始和周围的人赛跑，一关接一关：上学读书、考试毕业、结婚买房、赡养老人，再到下一代上学读书……生活从来不易，只有年轻时我们充满斗志，早早规划，拼尽全力去赚钱，未来我们才能从容应对。

也许在20多岁时，你并不会觉得苟且有什么问题。但10年之后，20年之后呢？当父母无法再资助你，反而需要你赡养时；当孩子需要高昂的学费时，我们将如何应对？

即使你不需要赡养老人，而且还要成为丁克一族，难道就可以苟且地活着了吗？

人生能有多长？不过百年时光。天地是暂居的旅店，光阴是永远的过客。如果一味安于现状，得过且过，就会像秋风过后草木凋零一般凄凉。人的生命只有一次，没有追求，也就没有动力、没有目标，生命有什么存在的意义？

苟且一生是对生命的极大不尊重。没有奋斗的生命，等于白来这世上一遭，不但错过了诗意，更错过了人生长河里波涛汹涌的壮景。只有摆正心念，拒绝眼前的苟且，不断追求更高的目标和更好的未来，才能迎来生命的精彩绽放。

◎甘于躺平、摆烂，怎么会有翻身的机会？

努力上进，并不是需要证明什么，只是为了不辜负自己！

"躺平""摆烂"是近年来流行的网络语，尤其新冠肺炎疫情以来的这几年，全球经济形势普遍不好，工作生活的忙碌与压力，处处都在"内卷"，于是很多人觉得看不到希望，只想躺平、摆烂，而某些人早已如此了。

这种现象可以用一个心理学名词来形容，叫"习得性无助"。

这个词是由美国心理学家马丁·塞利格曼提出的。他用狗做了一项经典实验，起初把几条狗关在一个巨大的笼子里，只要蜂音器一响，就给以电击，一开始狗很痛苦，努力想逃脱笼子。多次实验后，蜂音器一响，在给电击前，先把笼门打开，可是狗并不逃走，而是不等电击出现就先倒在地呻吟和颤抖。这种现象被塞利格曼称为"习得性无助"。

上面的实验中，狗明明可以在笼门打开的时候逃走，却放弃了尝试，并不是它们真的没有能力，仅仅是它们认为自己不行。

同样，在生活中一次次失败的人们，就像习得性无助的狗一样，他们的内心也会有一个心念——"我不行"，就算在某些场合他们能行，他们也不想尝试。

所以，当今社会选择躺平的人，不是他们的能力真的不行，而是他们有某种病毒性想法。也许他们曾经在和他人竞争的时候失败了，于是内化了"我不行"的心念，从此再也不敢尝试了，进而以躺平、摆烂的方式进行自我和解，采取主动降低自身的欲望，自觉地"佛系"、边缘化，从而缓解心理压力。

躺平、摆烂的咸鱼心态，是人生巨大的内耗，它比内卷更可怕。因为内卷是人与人之间的竞争，但内耗更像是一个人和自己的斗争，都不用等别人动手，自己就把自己消耗殆尽了。"内耗"的人经常拖延、逃避，行动力低下，停滞不前，萎靡不振，缺乏进取心，遇到挫折时倾向于放弃，甚至对于力所能及的事情往往也认为不能胜任，认为自己无论怎样努力都不能避免失败的结果。他们不是在追求美好的生活，而只是满足于勉强活着，失去了闯荡的斗志，与人生的价值擦肩而过，是消极回避竞争与压力的表现。

很多人喜欢拿"顺其自然"来敷衍人生。其实，真正的顺其自然，是竭尽所能之后的不强求；而躺平、摆烂的所谓"顺其自然"，是安于现状的不作为。这是一个危险的深潭，不知不觉间，惰性与惯性使得他们起身异常困难，最后变成温水煮青蛙，有能力却不发挥，有梦想却不努力，一辈子碌碌无为，安于现状。从表面上看，这样的确轻松了不少，但这种"混日子"的行为，就是自己给未来挖下坟墓，只能离曾经的梦想越来越远。

只有改变心念，改掉躺平、摆烂的恶习，才会不拘束于不利的环境，对生活充满希望。当你开始狠狠地折腾自己，强迫自己从"舒适区"中走出来，去迎接挑战，去面对挫折，你就真正成熟起来了。随后，你会奋发图强，把握翻身的机会，日子也会越来越有盼头。

◎困住穷人的并非物质本身，而是心灵的枷锁

人生最大的敌人是自己，挣脱心灵的枷锁才能重获新生！

一个人被锁死在底层的原因是复杂而多维度的，涉及社会、经济、文化和个人因素等多个方面。从个人因素角度来看，贫穷不仅是一种物质状

态，更是一种心态和生活方式。

个体心理学创始人阿尔弗雷德说："我们的烦恼和痛苦都不是因为事情的本身，而是因为我们加在这些事情上的观念。"这些观念，犹如心灵的枷锁，让人难以挣脱。

有个流传广泛的故事，讲的是如果摆脱不了心灵的枷锁，那么即使是一条细细的铁链也能把几千斤的大象拴住。在我们成长的环境中，是否也有许多看不见的链条捆住了我们？而在不知不觉中，我们也就将这些铁链当成习惯，视为理所当然。于是我们向环境低头，甚至开始认命、怨天尤人、安于现状、不思进取。而这一切，都是因为我们心中那条捆住自我的"铁链"在作祟。

打破心灵枷锁，对于想改变命运的穷人来说是至关重要的一个底层逻辑。只有打破心灵的枷锁，我们才能重新找回自信和希望，勇敢地面对生活中的挑战和困难，更加积极地寻求改变现状的途径和方法，提高自己的生活质量和水平。

如果你现在觉得自己的生活不如意，那么就请看你身上是否存在下面的这些枷锁。

第一种类型：时常担心"别人会怎样想"的心灵枷锁。

你曾经不止一次地想改写人生的剧本，但首先想到的不是成功，而是如果失败了"别人将会怎么看"，这是一种最普遍而且最具自我毁灭性的心念。这种心念是一种强而有力的枷锁，它不仅会伤害你的创造力，还有可能把你原有的能力破坏殆尽，使你永远只停留在原地。

要打破这种心灵的枷锁，我们需要认识到，每个人都有自己的成长轨迹和经历，他人的想法和评价并不能决定我们的价值和未来。我们应该学会关注自己的内心需求，勇敢地去追求自己的梦想和目标，用自己的行动证明自己的价值。同时，我们也需要学会接受失败，总结经验教训，调整自己的方向和策略。

第二种类型：认为"已为时太晚"的心灵枷锁。

有的人，受限于年龄，或错过了好机会，觉得自己被很多东西所影响，无法改变现状，所以即便现实不尽如人意，也勉强接受现实的无奈，而不愿意继续追逐自己的梦想。

为了解除这种"已为时太晚"的枷锁，我们要认识到，人生的任何阶段，只要想努力，一切都来得及。不管我们经历过什么，也不管现在的境遇看起来有多么令人绝望，都不要轻易说出"已为时太晚"或者"现在已经来不及了"这样的话。只要不让这样的心念主宰自己，只要拥有了强烈的赚钱欲望，付出努力后就会实现逆转。这不是鸡汤，而是改变命运的内在逻辑。

第三种类型：认为"我肯定不行"的心灵枷锁。

你是否有这句口头禅："这事儿当然好，但是我肯定不行。"这种心念像是一个沉重的枷锁，压在我们的心头，让我们在面对挑战和机遇时，总是先想到失败，而不是成功。它限制了我们的思维，束缚了我们的行动，让我们错失了许多成长和进步的机会。

为了摆脱"我肯定不行"的枷锁，我们需要意识到，这种"我肯定不行"的心念并不是事实，而是一种主观的臆断。我们不妨保持积极的态度，制订切实可行的计划和目标，寻找一切能助你"行"的方法，相信你终会拥有属于自己的一片天空。

第四种类型：背着"过去的失败"的心灵枷锁。

有这么一群人，他们害怕再次尝试，因为他们曾经失败过，受创很深，所谓"一朝被蛇咬，十年怕井绳"。这种心灵枷锁，不仅限制了个人的成长和进步，还可能导致我们在面对新的机遇和挑战时，产生过度的恐惧和焦虑。

解除这种类型的枷锁的方法是，你完全不必把"过去的失败"看得太重。对每一位有志者来说，都必须对过去所犯的错误保持正确的哲学观。失败是成长和进步的阶梯，而不是终点。通过反思失败的原因，可以找到改进的方向，从而得以再次突破，再创佳绩。

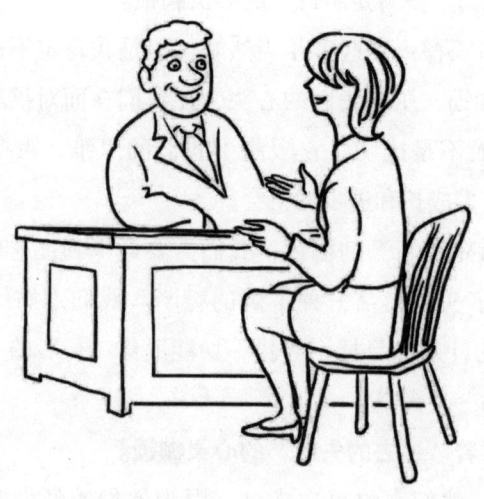

第二章 技能逻辑：没有突如其来的幸运，不肯努力者才会觉得努力无用

世上本没有那么多的幸运，所有的好运都是对曾经努力奋斗的人的回报。正所谓没有突如其来的运气，只有不为人知的努力；没有不劳而获的奇迹，只有激流奋进的勇气。赚钱，一个不可忽视的底层逻辑就是，先通过努力让自己变得有价值。

◎ 努力不一定能致富，不努力更难致富

> 努力必须有持续性。间歇性努力只能带来短期的成果，很难实现长期的目标。

很多励志鸡汤告诉我们，努力可以致富，甚至说努力必然能致富。但是现实生活中，我们经常会看到，很多人努力了很久，付出了大量的时间和精力，却未能获得他们期望的结果。

努力确实很重要，但它只是致富的必要条件而非充要条件，致富不仅需要努力，还需要很多因素，如智慧、胆识、目标、信息、政策、人脉、特长、决策，还有正确的自我认知和自我定位，等等。

努力虽然不一定能够致富，但在同样的条件下，不努力更难致富。我们常常会羡慕别人有钱，至于别人的努力，我们却视若无睹。其实，每一个有所成就的人，他们在背后都付出了非同寻常的努力。不要想当然地把别人的成功归结于他们运气好。这世上也许偶然会有突如其来的幸运，但是必然有着许多努力的积攒。

成功的底层逻辑其实就是一个厚积薄发的过程，"不积跬步，无以至千里"，只有默默地努力，才能让自己积攒才能和运气，有些人之所以能达到别人到不了的高度，看似是运气，其实离不开长期努力所积累的硬实力。

尽管我们可能不具备天赋或特殊的优势，但只要我们脚踏实地、毫不懈怠，我们可以逐渐使自己变得更优秀。因为我们每个人都有巨大的潜力，挑战和突破自己的舒适圈，通过不断努力可以将潜力转化为实际的力量。这也许不一定能取得举世瞩目的巨大成就，但最起码能实现个人的突

破和进步，让自己的生活变得好一些。

长期生活拮据的人喜欢给自己找各种理由，在他们的逻辑体系里，认为自己之所以没实现梦想是因为太难，是天时不时、地利不利、人和不和；或者说自己没时间，太累没精力，家里吵看不进书，感情上出了问题静不下心来，等等。总之，他们习惯为自己的"惰性"开脱一下，舒口气，然后继续看爽文、肥皂剧、八卦、热点、朋友圈、短视频，让梦想躺在某个角落呼呼大睡。

而白手起家的人则清醒地认识到赚钱的底层逻辑，他们不会找借口，而是靠辛勤努力，早早地就登上历练自己、提升自己的阶梯。正是顺着这些阶梯，他们才一步步走向理想之巅。

我们很容易关注到荣光无限的成功者，而常常忽视了这些人从塔底爬向塔顶的过程。事实上，无论是谁，都有一个从最底层逐渐上升的过程。即使是那些表面上看起来风光无限被万众瞩目的明星，其成就也是由"台上一分钟，台下十年功"换来的。

所有的第一名都是练出来的，所有的才能都是汗水换来的，所有的财富都是勤奋得来的。不付出努力，没人能取得杰出成就。即使一个人在某个领域具有天赋，从一开始就与众不同，如果没有努力实干的过程，不经实践历练和经验积累，也不可能获得成功。

还有很多人陷入一个误区，认为选择大于努力，所以就不努力。诚然，正确的选择可以让我们少走弯路，更快地实现目标。但是，选择并非万能的。无论我们选择何种方向，都需要付出辛勤的汗水才能获得成果。如果只是盲目地追求"选择"而忽略了努力的重要性，那么最终很可能一事无成。

那些取得杰出成就的人所凭借的绝不是安逸中的空想，也不是东一榔头西一棒槌的"选择"，而是确定目标后的勤勉和奋发，是在任何环境中都踏实努力的行动。这是成功的底层逻辑，也是所有想实现理想的人必须拥有的态度。

所以，不要拒绝努力。努力不一定能致富，但不努力，一定会错过那些让我们成长、让我们接近财富的机会。让我们怀揣着对生活的热情和对梦想的追求，踏实地迈出每一步，享受努力的过程，成就自己的人生。

◎先学会脚踏实地，再追求飞檐走壁

> 走得太快容易跌倒，如果跌得很重，恐怕连爬起来的机会都没有了。

人生路上，我们都想快速赚钱，早日过上自己想要的生活。不过往往事与愿违，越想快速赚钱，往往越难取得成功，甚至还会走更多的弯路，因为想快速赚钱的人，总是试图寻找捷径。

其实人生极少有捷径，所有的捷径，都要付出相应的代价，而且走捷径往往风险很大。有句调侃的话说"快速致富的办法都写在刑法里了"，说的就是这个道理。

在现实生活中，我们看到有些人赚钱好像很容易，但其背后的努力和艰辛，或许我们并不了解，我们以为别人走的是捷径，其实别人不过是厚积薄发而已。

在人生的道路上，不管是谁，都不要对自己的努力和付出产生怀疑，因为那是厚积薄发的基本前提。当你努力到一定程度，积累到一定时候，必会有惊喜与你不期而遇。

想建造财富的大厦，其底层逻辑在于先打好根基，只有根基稳，高楼大厦才能建成。做人做事不能总想着跳过过程，直达结果。路是一步一步走出来的，事是一件一件做出来的，生活是一天一天过出来的。

所以，不要太急切，脚踏实地往前走，你反而会走得更稳更快。如果总是很着急，学走路还没走稳，就想奔跑，那必然摔得鼻青脸肿。

有一个刚大学毕业的女生，一时没找到满意的工作，在应聘的路上看到开奶茶店很赚钱,就向父母要钱创业,认为自己也可以像别人那样迅速月入过万。

当时一些长辈劝她先去奶茶店打几个月工再说。但她不愿意从基础做起,不愿意花时间去学习和积累经验,认为自己已经在短视频平台上查过了,有了足够的知识和想法。就这样,她没有做任何市场调研,凭借直觉和激情就开始了创业。结果并无悬念,她的奶茶店销售额一直很低,连房租都不够,最后只得关门。

有时候,我们容易陷入一种虚假的成功幻觉,认为只要有一腔热血和豪情,就能够一飞冲天。然而,任何事的成功都需要通过不断的积累来实现。无论是时间、知识、技能,还是资源,都是成功不可或缺的因素。只有持之以恒地努力,不断积累,才能够实现自己的目标。

欲速则不达。如果想通过某种方式赚钱,但是尚未拥有相应的知识和技能,就必须头脑冷静,脚踏实地,先有目的地去积累,而不要想着直接跳过这个过程走捷径。

脚踏实地往前走,看似走得不快,但走得稳,而稳其实是最快的。这不需要多么聪明,不需要多么高超的技巧,只需把眼光放在当下,日复一日地积累,当积累到一定程度,则能练就飞檐走壁的能力。

有些人常常抱怨命运的不公,感叹世道的不平,同时却又幻想着成功之花在一夜之间绽放。然而,正所谓"冰冻三尺非一日之寒",成功不是骤然而起的,而是由无数具体的、微小的、平凡的事情凝聚而成的。只有脚踏实地,一环扣一环地做好每一件小事,才能取得比别人更大的成绩,最终成就大事。

也许有人觉得这种老生常谈没有什么用处,可是,这些容易被人忽视的"陈词滥调",却恰恰是普通人赚钱的底层逻辑。

脚踏实地是追求"飞檐走壁"的前提和基础,没有它,我们很难实现自己的梦想。因此,在追求财富的过程中,我们需要先打好基础,掌握基本的知识和技能。只有这样,我们才能提升自身的才干和能力,实现自己的目标并走向成功。

◎做事要高标,别总觉得差不多就行

> 如果你所做的都是可以轻松完成的事情,你就不会进步。

现实中常有这样一些人,他们往往不肯把事情做得尽善尽美,只用"差不多了"来搪塞了事。

上学的时候,他们经常说:"考个差不多的分数就行,不挂科就够。"出来工作之后,又说:"差不多就好了,领导不会很重视这份文件。"创业做生意,又说:"就这样吧,反正顾客也不是人人都挑剔,差不多就可以了。"

这样的态度,看似宽容大度,实则隐藏着对自己和他人的不负责任。当一个人做事的标准太低,满足于"差不多"的水平时,往往会在无形中错失许多提升和进步的机会。由于长期低标准做事,没有把根基打牢,渐渐地,这样的人在时光流转之间就慢慢沦落为平庸之徒。

《读者》杂志中曾刊登过一篇文章,文中提到这样一个等式:$90\% \times 90\% \times 90\% \times 90\% \times 90\% = 59\%$。

在很多人的逻辑体系里,认为做到100%太困难、太辛苦,也不现实,所以做到90%就已经很不错、很满足了。殊不知,一件事情是由许多环节环环相扣构成的,很不错的90%,5个环节之后,带来的结果就是59%——一个不及格的分数。假如一件事情由100个环节组成,结果又将如何呢?

做事经不起打折。在传递的过程中,每个环节都要做到100分,才能保证接下去的传递不出问题。赚钱是一个复杂的过程,涉及多个环节,环环相扣、互为支撑,上一个环节为下一个环节奠定基础,一个环节出现问题就可能直接导致最终的目标无法实现。

也许在生活中，对事情看得破、想得开、不计较，能缓解压力，活得逍遥。不过在赚钱这个问题上，"差不多"的态度却是要杜绝的，因为哪怕一个小环节出了问题，不仅会导致你难以获得利润，甚至还会因不慎而造成大麻烦。

因此，我们需要树立"高标做事"的理念，不断挑战自我，追求卓越。

高标做事意味着我们对自己有更高的期望和要求。它要求我们在做事时不仅要达到基本的标准，还要追求更高的质量和效果。这种追求卓越的精神能够激发我们的潜能和创造力，推动我们不断学习和进步，为个人的发展打下坚实的基础。

有志赚大钱的人，就要用高标准要求自己，竭力养成精益求精的习惯。做完一件事，他会花时间反思自己做错了或者可以做得更好的地方。例如："当前这件事我对自己的要求够吗？还是太容易了？这些标准让我变得更好了吗？没有的话，需要增加什么？"

这看起来很简单，但做起来很难，因为我们每个人都自然而然地倾向于增加我们所做的一切的舒适度。然而，如果你想赚钱、赚大钱，就要在做事时倾注全部精力。无论别人做得怎么样，事情一旦到了你的手里，就要认真细致，把它做得完美无缺。当你想懈怠的时候，多问自己几次："真的可以'差不多'吗？差的那一点会给自己、给公司、给顾客带来什么危害？"

长久下去，你不仅能在学识、能力方面取得很大进步，同时，你的品行、口碑和声望也将得到大幅提升。如此，你还会是一个收入微薄的人吗？

◎如果梯子架错了墙，就别坚持继续爬了

与其坚持一个没有希望的目标，不如明智地另寻他路。

要赚钱，获得成功的人生，必须努力学习和奋斗，不轻言放弃，直至成为某个领域的行家。但这是有前提的，只有目标是正确的，是适合自己的，坚持下去才会取得胜利；而如果梯子架错了墙，却仍然坚持继续爬，我们的努力可能会付诸东流，甚至让自己陷入更深的困境。

有句话说得好：方向不对，努力白费。或许，你每天都在努力，从不惜力，甚至是一个彻头彻尾的完美主义者，而最后所取得的成绩却是平平。这时候，就要思考是否选对了方向。当我们在穿衣服扣扣子的时候，如果第一颗纽扣扣错了，那下面的扣子肯定会跟着扣错。

人生也是一样的道理，如果我们选择的方向不对，设定的目标有问题，那不管我们付出多少努力，最终的结果都不会太好。

有人可能会说，这种简单的逻辑谁不懂啊！而事实上，不懂的人多了。比如一个不适合自己的公司、几只被套牢的股票、一场"三角"或"多角"恋爱、一个难以实现的梦想……

在这样的境遇里，你再怎么样努力也无济于事，真正聪明的做法就是调整方向，重新来过。

在现实生活中，有不少人在做着无用的努力，就像是已经坐了反方向的公共汽车，还要求司机加快速度一样。有好心人告诉他停止前进，重新选择方向的时候，他还振振有词，不愿意下车。于是就说是售票员的错，是售票员没有阻止自己登上公共汽车；于是就努力说服司机改变行车路线，教育他跟着自己的"正确"路线前进；于是就下决心消灭这辆公共汽

车，因为消灭一个错误也是件伟大的事业；于是说坚持坐到底，因为在9999次失败后也许就是最后的成功。

人生道路上，我们常常被激昂而光彩的语汇弄昏了头，以不屈不挠、百折不回的精神坚持死不认输，从而输掉了自己！

南辕北辙的故事大家都熟悉，它告诉我们一个道理，如果想要到达某地，首先要选择对的方向，然后再努力行动。否则方向错了，只会离目标地越来越远。

如果你发现自己现在所从事的工作并不适合自己，就要赶紧调整前进的方向。对于那些错误的目标，该放手的时候就要明智地放开手。明知道这是一条走不通的死胡同，却还要继续往前走，面对的也许只有痛苦。

人生就是一个不断选择与放弃的过程，固执地"一条道走到黑"并不明智。放弃并不适合自己的目标，转向自己适合走的那条路，你的生命才可能获得它的最大值。

年轻时我们并不知道自己想要的是什么，只觉得很美好，等到撩开神秘的面纱，才发现不是自己想要的。抑或，我们知道自己想要什么，但由于各种因素的影响，我们选择了"曲线救国"，用一生的时间走曲线以期达到原来的目标，然而等到最后，蓦然发现自己选择了一条错误的路，不知不觉地在追求的道路上渐渐偏离了初衷，渐行渐远，直到最后与年少时的梦想分道扬镳。

毫无疑问，我们不应当轻言放弃，因为成功常常孕育在再坚持一下的努力之中。但是，有些情况是我们已经付出了最大的努力，却未取得理想的结果，这时候我们就需要认真考虑一下：如果选定的方向并不适合自己，就早点从"梯子"上下来，把"梯子"架到正确的"墙"上去。这时就不要再抱怨自己好不容易才爬到梯子的一半了。

这里需要注意的一点是，必须能够准确判断自己是不是把梯子搭错了墙。有一些人盲目相信"选择大于努力"，认为只要选对了方向，就能轻松达到目标。其实，即使我们做出了正确的选择，如果缺乏必要的努力和坚持，最终也可能一事无成。

正如挖井一样，如果总觉得自己已经付出很多劳动还没有挖出水，肯定是选错了地方，于是换个地方去挖，这里挖挖、那里挖挖，而不深入钻研、持之以恒，那么很可能挖不到水源，只留下一片狼藉。

因此，在选择之前，我们要认真思考自己的兴趣、能力和客观需求等因素，选择最适合自己的方向。而一旦做出了选择，就要坚定地走下去，即使遇到困难也要坚持不懈地努力。

第三章 人脉逻辑：建立并强化优质的人际关系，使人脉顺利转化为财脉

才高八斗、学富五车，无疑有利于干一番事业，而如果你想顺利地获得更多的财富，还需要拥有良好且优质的人际关系。正所谓"人脉即财脉"，成为一个人脉竞争力强的人，可以让你获得更多的帮助和有用信息，使你的赚钱之路更加广阔和顺畅。

◎为什么有才华的穷人比比皆是?

如果你才华横溢却囊中羞涩,请检查一下是不是人际关系有问题。

如果留心观察,你会发现一个扎心的事实:有才华的穷人比比皆是。他们才华过人、技能卓绝、学历不俗,但是,他们的经济情况却并未与才华相匹配。

这些人的经济状况、生活水平、薪水收入为何会和他们的才华有这么大的差距?这其中有很多原因,在这些原因中,不善于处理人际关系是极其重要的一点。

人际关系是每个人都无法回避的生活内容。人们生活在世界上,置身于社会中,交织在各种矛盾、利益、关系之间,不管因公因私、为人为己,都必然要与人交往。无论他是干部或学者,是老板或普通百姓,只要生活在这个世界上,就不得不与周围各种各样的人打交道。

想多赚钱,就必须具有较强的竞争力。竞争力是一个综合性的指标,它不仅指才能方面,还与人际关系有重要关联。有好的人缘,做事时容易得到别人的支持和帮助,在竞争中就会处于优势地位。而人缘差的话,在遇到困难的时候就难以得到帮助,甚至还有人会跳出来踩你两脚,这样一来,在竞争中就会处于劣势。

赚钱固然需要努力提高自己的专业技能,而人脉更加不可或缺。美国好莱坞流行着一句话:"你是否有成功的机会,不在于你知道谁,关键是你认识谁,你跟谁有过交往。"成功学大师戴尔·卡耐基则说:"专业知识在一个人的成功中的作用只占15%,而其余的85%则取决于人际关系。"这种观点也被一些研究机构的研究结果所证实。斯坦福研究中心曾发表过一份研究报告：一个人赚的钱，12.5%来自知识，87.5%来自关系。可见，人际关系对于赚钱是何等重要。

著名社会学家亚当斯·金的《社交阶层与运气》中指出："交际能力是潜在于人的基本素质中的魔力，能够把曲曲折折的事情变得顺畅通达，更重要的是能把毫无生气的人推向功成名就的高峰。假如人生是一座雪峰，那么交际能力就是助你攀登的冰镐；假如人生是一条河流，那么交际能力就是载你远航的船只；假如人生是一部厚书，那么交际能力就是记录你成功的密码。"

在现实社会中，我们要想获得生活和事业的成功，就要处理好各种各样的人际关系。因为只有人际关系理顺了，我们才能获得更多的支持和帮助，才能远离各种可能发生的隐患。对于想赚钱的人来说，无论我们通过什么方式赚钱，如果我们朋友很少，人脉匮乏，即便是有才华的人也不过是一个与成功擦肩而过的穷人罢了。这是我们必须牢记的一个底层逻辑。

我们人类，最大的特点就是属于群居的高等动物，特别是我们中华民族，不管在哪里，都讲究关系，关系可以转化为一种办事能力，促进事业的发展。所以一些能力一般但是人脉广的人，会比较容易成功。

通常意义上说，一个人的财富基本盘，由两个部分组成：一是你自身的能力水平；二是你和其他人联结的范围程度，即所谓的人脉。这两者确定你这一生的财富有多少，前者是1，后者是1后面的0，即后者可以将前者无限放大。

那些能迅速翻身的穷人，并不一定是本身其他能力有多么出众，而恰恰是因为善于经营人际关系，靠人脉迅速实现自己的梦想。

有才华固然重要，但人脉更不能忽视。从某种意义上说，人际关系是一张通往财富、荣誉和成功的门票，有了它，你的专业知识才能发挥作用。否则，即使你是一个英雄，也难免会陷入无用武之地的尴尬中。

所以，抱怨怀才不遇的人，从现在开始打造你的关系网吧！随着你不断去与人建立关系，你的关系网也在不断延伸，你就会发现，很多事情做起来容易了许多。

◎主动建立与赚钱相关的人脉关系

人脉关系是主动出击的结果，极少是被动拥有或者从天而降的。

人脉关系的建立，分为主动和被动的。所谓主动，就是人为地去结识别人，然后再维系好关系，等待时机；所谓被动，如同"姜太公钓鱼，愿者上钩"，认为自己有本事、有能力，等待别人来发现自己、靠近自己或重用自己。

现实中，很多人并非不懂人脉就是财脉的道理，只是因为性格内向或观念保守，采取消极的、被动的退缩方式，只做交往的响应者，不做交往的始动者。然而，这世上有多少人赶得上姜太公的本领呢？何况，时间也等不起，等到八十岁还没人"上钩"怎么办呢？

人生如白驹过隙，普通人想翻身，必须积极主动地建立与赚钱相关的人脉关系。根据人际交往的交互性原则，别人是没有理由无缘无故对自己感兴趣的。尤其是想要向上社交，结交高端人脉，那更不能指望比你厉害、比你优秀的人主动来找你。这个逻辑搞错了，就很难拓展自己的人脉关系。

各个行业都有许多出类拔萃的人物，他们的影响非同小可，必须利用与他们接触的机会和他们建立关系，这对你将来拓宽赚钱的门路至关重要。不要等待，一味地等待只能错失良机，应该积极地主动交往，多尝试、少担心。即使害怕被拒绝，也要说服自己无论如何先试试，最坏的结果只不过和不尝试一样，而最坏结果发生的概率其实并不大。所以，要相信自己，勇敢尝试，主动交往，没有什么不好意思的。

当你因为某种担心而不敢主动同别人交往时，最好去实践一下，用事实去证明你的担心是多余的。不断地尝试，会积累你成功的经验，增强你的自信心。即使没有获得善意的响应，也别气馁，罗马不是一天建成的，人脉也不是，只要你持续显示出友好，自会有打动对方的一天。

假如你到一个新的环境，如机关、企业、学校、聚会等，在彼此都不认识的时候，你要主动"出击"，以真诚友好的方式把自己介绍给别人，其中包含工作是什么、擅长的领域，以及自己目前的成就，目的就是为了展现自己。然后主动了解对方，寻找共同点，产生共鸣，还要记得加微信、要名片。获得他们的信息可以通过多种方式，除了直接问之外，还可以通过他的朋友了解，也可以通过他的微信朋友圈或别的渠道了解他的兴趣爱好，还有对他来说一些特殊的事物或日子。

有一个生意人，当他要结交新朋友时，总是想方设法弄清对方的生日。于是他四处请教这些人，问他们生日是否会影响一个人的性格和前途，并借机叫他们把生日告诉他，然后他悄悄地把他们的生日都记下，并在日历上一一圈出，以防忘记。等这些人过生日的那天，他就送点小礼物或亲自去祝贺。很快，那些人就对他印象深刻，把他当作朋友了，他的生意也越做越顺。

拿破仑说，进攻是"使你成为名将和了解战争艺术秘密的唯一方法"。人际交往也是一场不流血的、平静温和的战争。因此，主动进攻不仅是一种行为风格，更是一种智慧和谋略。

平时，我们可以利用周末、假期多参加社交活动，如聚会等，培养兴趣爱好，让生活丰富多彩些，那么我们认识的人就更多，自然而然就扩大了人脉圈。

和别人建立初步关系之后，还不能放松，最好找机会深入接触一下，可以请他们到你家做客，或者约他们一起去喝茶、吃饭、打球、爬山等。一时没有合适的机会，也要保持联系，时常进行沟通，了解他们的最新情况和需求，为他们提供帮助和支持。

总之，机会是留给主动争取的人，如果你主动一点，那么你的朋友会越来越多，你在赚钱的道路上也会越来越顺利。

◎求远不必舍近，在固有关系上多做文章

> 固有关系，特别是有血缘的关系，是最牢靠的，千万别轻易舍弃。

在生活中，人脉广的人总能比那些独自努力、闷头苦干的人更容易获得赚钱的机会，因此，多认识一些新朋友是必然的选项。不过需要注意的是，在结识新朋友的同时，别忽略了我们本来就有的关系，如果对固有关系不闻不问，把主要精力放到结识新朋友方面，无异于舍近求远、本末倒置。

与本来毫无关系的人建立关系，往往需要一个复杂且长期的过程，而固有关系却没有那么多的障碍。所以在求远的同时，绝不能舍近。这个逻辑不能搞颠倒了。

概括来说，想通过拓展人脉赚钱，需要在以下几种固有关系上多做文章。

（1）爱人关系

一个成功男人的背后，总有一个默默奉献的女人；同样，一个成功女人的背后，也总有一个聪明、大度的男人。我们事业的发展和人生的飞跃，离不开爱人的支持与付出。爱人和他（她）背后的家族也会为我们提供强大的精神动力和坚实的物质基础，是我们最可信赖的得力助手。当我们失意的时候，爱人会陪伴我们、安慰我们，给我们希望和寄托；当我们得志时，在分享我们的快乐的同时，爱人还会鼓励我们不断进取。经营好与爱人的关系，我们才算找准了人生的航向，拥有了成功的基石。

（2）亲人关系

无论时间怎样流逝，无论空间怎样变换，血缘关系都是我们坚实的关系。

首先，父母是我们的第一任导师，他们的辛劳与付出换来了我们的进步与成长，在他们的鼓励与帮助下，我们才能够修身明理、立业成才，实现人生目标，体现生命价值。同时，父母还能给我们提供良好的环境和物质支持，是我们赚钱干事业路上的强大后盾。

兄弟姐妹也是我们力量的倍增器。同根而生，血缘之亲，古人比喻为手足。缺少手足的人自然施展不出全部的力量；手足齐伸，才能将困难打败。俗话说：打虎还要亲兄弟。一方面，兄弟姐妹是骨肉至亲，到危急时自会同心协力地拼命；另一方面，兄弟姐妹相知最深，不难彼此协调合作。兄弟姐妹和睦相处，相亲相爱，才能使亲情延续，并战胜种种困难，携手赚钱，走向成功。

（3）亲戚关系

亲戚是一个重要的关系资源。想赚钱，必须用好亲戚关系，不仅是遇到困难时要找亲戚帮忙，平时就要与亲戚搞好关系。由于有血缘关系，即便是"利用"，亲戚一般也会帮你。在利用亲戚关系时，要注意这两点：一是有利益交叉时，账目一定要算清楚，不能搞得稀里糊涂，否则，即便为自己谋到了利益，但是伤害了亲戚关系，也是得不偿失的；二是不要强人所难，有事可以求亲戚，但要充分考虑对方的现实状况，所求之事要在其能力范围之内，切不可想当然地认为是亲戚就必须帮自己的忙。

（4）邻居关系

俗话说，远亲不如近邻。邻居之间，抬头不见低头见，守望相助、声气相通，是胜似亲人的人。邻里关系是我们立世的根基之一。邻居不仅平日在大事小情上时常帮助我们，还有可能成为我们"钱途"的某个转折点。也许有人会悲观地说："我的邻居都是普通人。"这样想是不对的。你真的已经熟识了每一位邻居吗？他们中间真的就没有一个有背景或特殊本领的人吗？大多数人的回答都会是否定的。既然不熟悉、不知道，那么我们很可能就错过了邻居中的资源。在这些平日不显山露水的人中，说不定就有高官巨贾、明星大家，或者其亲属有着通天的手段、过海的神通。把这种关系抛在一边，实在是人际交往中的巨大失策。

（5）同学、战友关系

同学和战友关系，在我们成长和发展的过程中起着举足轻重的作用。虽然当初彼此之间的起跑线是一样的，但毕业、转业几年甚至几十年后，他们会从事各种不同的行业，有的甚至已经成为富翁和高官。如能充分运用这种关系，将为自己带来很多的机会和实质性的益处。而且，与其他很多关系不同，同学、战友关系有一种可贵之处，那就是诚挚的感情较深。哪怕随着时间的流逝感情会逐渐变淡，但只要联系起来，简单沟通一下，就会有很多话说，容易在回忆过往中重新加深感情。

除了以上五种固有关系之外，老师、上司、同事、老乡等关系，也是在发展事业、寻求帮助时不可忽视的。最起码，当我们有求于人时，他们可以提供一些建议或线索。当然，利用固有关系拓展财路，不能搞歪门邪道，最好是在互惠互利的基础上进行。

◎ 突破圈层，关键是要多结交成功的人

> 获得更高层次的人脉资源，能够让我们突破圈层之锁，接触到更广阔的世界。

在现实中，每个人都身处不同的圈层之中。不同的圈层，代表着不同的水平和价值观。长期处于某一圈层中，人的三观、见识和习惯会逐渐趋同于该圈层的水平。

古语云："立身成败，在于所染。"一个人的成功或失败，不仅取决于个人的努力和天赋，更重要的是取决于他所处的环境和所接触的人。身

处优质圈层,更容易拓宽我们的视野和格局,提升我们的认知和能力,从而更有可能取得成功。相反,长期处于低层次的圈层,会促使我们不思进取,苟且于眼前的安逸,导致我们更容易甘于平庸或走向歧途。

因此,要想多赚钱,成为人生的赢家,必须进入更高层次的圈层。突破圈层,能够接触到更广阔的世界和更高层次的人脉资源,帮助我们实现个人和事业的更大发展。这是我们赚钱必须认清的一个底层逻辑。

进入优质的圈层首先要结交比自己成功的人。交往的成功者多了,我们可以从他们身上获得许多宝贵的知识、经验和启发;同时,成功的人周围通常会有其他成功的人,与他们建立联系可以让我们进入一个较高层次的社交圈子。这种社交网络可以为我们提供资源、机会及合作伙伴,为我们逐渐进入优质的圈层打下基础。

然而,收入微薄的人总倾向于与自己层次差不多的人来往,他们总是与"群众"在一起,言谈之中,他们似乎还非常鄙视那种接近成功者、靠近权威的行为。更有一些人,喜欢与比自己差的人在一起,陶醉于从中产生的优越感。可是,就算你是平庸的圈子里的佼佼者,在优秀的圈子里依旧是低端者。而只有多与那些比自己成功的人交往,才是提升自己的档次、突破原有圈层的有效方式。

与成功的人交往并不是太难的事情。你不妨将你周围的成功人士都列出来,再把将会对你的事业有所帮助的人标出来,之后就是每星期去试着结交一个这样的人。不久后你就会惊奇地发现,你已经进入了另一个圈层。

那么我们怎样与比自己成功的人交往呢?总的来说,需要把握以下几点。

(1)主动真诚,表露姿态

机会是要主动争取的。成功者的行为是要与自己的身份、地位保持一致的。他们一般不会主动与低圈层的人交往,如果你现在没什么金钱也没什么地位,身份在下,地位比他低,就要主动积极,充满真诚,先迈出一步,做出友好的姿态。

（2）尊重对方，不卑不亢

先要给对方以相应的位置，充分表现出对他的尊重。这是对双方关系的确认和定位，也是满足对方被尊重的心理。但尊重是有原则的，如果阿谀奉承、虚情假意、夸大其词，可能让成功者反感或者轻视。

（3）甘当配角，不可狂妄

从交往的角色来说，成功者是交际的主角，而我们则是配角，处于次要地位。这是交际现状，也是交际规律，是由彼此的身份和能量决定的。我们要积极支持成功者，热情配合成功者。这是合乎交际现实的，这不仅不会损害自己的"身价"，而且会取得成功者的信任。而如果不能摆正这层关系，不恰当地显示自己的能耐，抖弄自己的才华，甚至想喧宾夺主，则会弄巧成拙。

（4）虚心求教，接受呵护

你可以恭恭敬敬、真心诚意地请对方分享成功经验，让对方感受到你是一个虚心学习、很有发展前途的人，同时对方也会因为被请教而心生愉悦。另外，成功者是力量的象征，在他们面前我们显得很弱小稚嫩，所以要接受并求得呵护。一则这是我们与成功者交往所寻求和迫切需要得到的东西；二则作为成功者，他也会从中获得施予和扶持之乐，是一种自我价值的实现。

（5）交流简洁，进退得宜

时间是成功者最宝贵的财富，与他们交往时，说话办事要简洁利落。特别是刚开始与他们接触，更要如此。在与他们交流前，最好提前做好准备，这样不仅能节约对方的时间，也能显得自己思路清晰。在交流过程中，多留意对方的细节，比如对方多次看表或手机，要懂得及时告辞。另一方面，虽然近朱者赤，但不要过从甚密，以免不经意间干涉到对方的私生活。

◎对人脉关系网进行必要的维护和更新

亲戚越走越亲，朋友越走越近。交流多了，感情自然就好了。

中国有句古话说："冰冻三尺，非一日之寒。"西方人也说："罗马不是一天建成的。"人脉关系网需要从早开始构建，也需要不断地维护和更新，以保持其活力和有效性。

（1）进行人脉资源规划

你想3～5年后成为什么类型的人，现在就应该开始进行人脉资源规划。先明确职业和事业规划，分析职业和事业的人脉资源需求，再制订人脉资源开拓的行动计划。开拓的人脉资源，要注意结构科学合理，性别、年龄、行业、学历、层次、内外、现在和未来的结构等不要太单一，以免关键时刻缺位断档。

（2）建立人脉资源数据库

把与自己的工作、生活范围有直接关系和间接关系的人记在文档里，并分类整理。录入的内容包括姓名、行业、单位、职务、商务地址、家庭地址、其他地址、家庭情况、收入情况、学历教育背景、电话、微信、生日、性格特点、兴趣爱好、价值观、工作生活习惯、目前最大的需求是什么、最看重什么、最反感什么等。这样，你们再联系或见面时，就会显得你是一个有心人，而且如果你能根据对方的情况为对方做点什么，无疑能让对方看到你的价值，对深化彼此的关系大有裨益。

（3）对刚认识的人及时"跟进"

刚认识的人彼此印象不深，了解也很少，如果没有及时"跟进"，日子一长等于没认识，这是很可惜的。所以，认识之后要及时联络，第二天或第三、四天主动打个电话或发个微信向对方表示结识的高兴，或者适当赞美对方的某一方面，或者回忆你们愉快的相识细节，让对方加深对你的印象和了解。接下来，找机会见见面，最好多见几次，让彼此之间越来越熟悉，关系越来越融洽。

（4）长期维护，避免"临时抱佛脚"

平时不联系，在急需别人帮忙的时候才想起"找关系"，是很难成功的。人脉有个最大的特点，那就是"耕耘在随时随地，而收获在无意之间"。如果一个人对人脉抱着"短期目的"的态度，就会使自己变得越来越不受欢迎，路越走越窄。要知道，人脉需要从早开始培养，也需要用一生的时间去经营维持，它是一项长期工程。希望有大发展、赚大钱的人，一定要珍惜人与人之间宝贵的缘分，即使再忙，也别忘了主动多沟通感情。

（5）抓住那些关键的少数

有的人社交活动很多，认识的人太多太杂，整天为应付自己找来的关系而忙忙碌碌，甚至叫苦连天。怎么办才好呢？我们知道，20%的骨干创造80%的财富，20%的产品创造80%的利润，20%的顾客带来80%的收入，80%的质量瑕疵是由20%的原因造成的……二八定律告诉我们，要抓住那些决定事物大局的关键少数。经营人脉资源也是如此，也许对你一生的前途命运产生影响和起决定性作用的也就是那么几个重要人物，甚至是一个人。所以平时我们要把80%的时间、精力和资源用在可能影响我们前途和命运的20%的人身上。而且，这种至关重要的关系要留到关键的时候再用，不要浪费在一些无关紧要的事上。

（6）过滤和更新人脉关系

一切事物都处于不断的运动、变化和发展之中。我们的人脉体系，如果不随着客观情况的变化而变化，就会逐步处于落后的、陈旧的，甚至僵死的状态。因此，一个合理的人脉关系网，必须是能够进行调节的。

我们刚刚踏入社会时，需要广交朋友，随着事业的发展，则要站到更高的维度上看自己的人脉关系网。当你的朋友达到一定数量,你的时间与精力得不到合理分配的时候,就是交友数量的极限,这种情况下,必须及时进行过滤和更新。通过对自己已有的人脉进行分类,对各种关系的功能和作用进行分析、鉴别,我们可以知道,哪些关系需要重点维护和保护,哪些只需要保持一般联系和关照,从而决定自己的策略,合理安排自己的精力和时间。

另外要注意,对充满负能量的人要懂得"断舍离"。比如,有一种人自己甘当平庸者,但看到你比他努力时,他就会开始"好言"相劝,在你耳边灌输消极思想,目的是想让你变成和他一样。再如一些没有边界感的人,不顾及他人的感受,言行不分时间或场合,对别人的财物进行侵占和破坏,只索取不付出;还有一些人,人品不端,为达目的不择手段,为了利益六亲不认。总之,那种充满负能量的人不仅不能给你提供价值,无法助你变好,还会侵蚀你的思想,搞坏你的心情,破坏你的前途,与他们"断舍离",把他们从你的人脉关系网中剔除,是明智的选择。

第四章 职场逻辑：快速升职加薪不仅要有知识，更要有正确的『姿势』

很多人说打工永远无法致富，这话显然武断了。且不说"打工皇帝"们，即便是中等规模的公司中层，收入也比很多小老板高。对大多数人来说，打工无疑是一种低风险的赚钱方式，只要做好规划，有知识和正确的"姿势"，赢得高薪并没有那么难。

◎别瞧不起打工，它是多数人改变命运的入口

> 从"正确打工"开始赚钱，是多数普通人"咸鱼翻身"的捷径！

我们经常能在卖课程和招加盟商的软广告里看到这类说辞："打工不可能致富。""一个靠工资生活的人，永远都是穷人。"正所谓三人成虎，一种观点被商家说多了，不管它原本是不是正确的，人们就很容易信以为真。

打工真的不能致富吗？如果认为马斯克、钟睒睒、黄峥、张一鸣、马化腾、李嘉诚这样的人物才算致富的话，那打工确实不能致富。但是，阿里的张勇、海天的程雪、腾讯的刘炽平、美团的王慧文、海底捞的杨丽娟，这些人都是从普通打工者做起，一步一个脚印升迁上去，最终拥有了几十亿甚至几百亿的资产，已经实现财富自由了，绝对算是致富了。即使有人觉得这样的"打工皇帝"太少，我们还可以看看五千多家上市公司的高管们，每一家公司都有若干名高管，他们有几个人的年薪少于百万的？

这样看来，"打工不可能致富"这类话是不是太绝对了？即使成不了上述这样的高管，很多上班族也不见得比一些创业的小老板差。所以不要被有些言论忽悠了，并不是所有打工族打的都是一种工，带着"预谋"去打工，也是可以致富的。

其实我们从校门出来进入社会，要想赚钱，无非就两条途径，一个上班，一个创业。我们看到了有些人通过创业成功了，但也应该看到这些人是怎样炼成的，他们的成功是不是很容易复制的，自己是不是具备了创业的条件。不要因为一些别有用心之人的言论，就瞧不起打工，光想着

创业。

例如，有的人听信一些骗子的胡言乱语，不顾自身条件，辞去现有的工作去开加盟店、开网店、拍短视频、做直播带货。真正开始学习和实操后，却发现没有自己想的那么简单，结果钱没挣到，反而被"割韭菜"，损失了不少培训费。想再回原公司去上班，已经有人占了位置了，又得重新找工作。

打工，对于很多人来说，是生活的无奈选择。然而，多数生活在社会底层者改变命运的入口就是打工。相对于其他赚钱方式，如创业或投资，打工的风险较低，更容易让我们获得稳定的收入。特别是刚出校门的年轻人，实际能力普遍不高，在上"拼不了爹娘"下"拼不了经验和资源"的情况下，毕业后打工是接触社会、积累财富的第一步。通过打工，不仅能够获得一定的经济收入，更能够在这个过程中学会如何解决问题、如何建立人际关系网络、如何运用社会的运转规则。这些经验和能力，不仅为我们的未来奠定坚实的基础，更让我们在打工的过程中，获得更高的收入和职位，或者条件成熟时开始尝试创业、投资等更高层次的经济活动，从而改变自己的命运。

这是多数处于社会底层的人创富的底层逻辑，也是最为现实的赚钱逻辑。

但是记住一点：不要用体力和重复的动作去换钱！因为这样的工作过不了多久就会被"年轻有活力"的人替代！而且，要想通过打工改变命运，带着"预谋"去工作，打工只是起点，并不是终点。只有意识到这一点，并且在此基础上制订自己的目标和计划，有针对性地积累和努力。

◎剖析自我，制订适合自己的职业发展规划

认真地剖析自我，扬长避短，才能走在别人的前面。

在这个几乎每种东西都可以成为商品的时代，我们每个人其实都是一款独特的"商品"，而职业发展规划，就是要为这款"商品"找到最合适的"市场定位"。要想在职场上"卖"个好价钱，先得深入了解自己这款"商品"的特点和优势。这是通过打工赚更多的钱的一个重要的底层逻辑。

知人者智，自知者明。有些人不了解自己，在选择职业的时候，不知道自己想干什么、能干什么，所以常感到手足无措。这是一件可怕的事！择业很关键，我们必须清楚自己的性格、爱好、特长，从而做出理智的选择。

职场的成功基于对自己有一个清晰的认识、准确的判断和合理的把握。如果一个人不了解自己，不了解自己的优点和缺点，不知道自己要实现什么目标和为什么要实现这个目标，那他就不可能找准自身定位，也不可能在职场上取得多大的成就。

怎么剖析自我呢？可以通过反思自己的经历、咨询朋友和家人的意见、进行职业测评等方式来了解自己。这样，你就能更清楚地知道自己的优点和缺点，知道自己适合做什么，不适合做什么。

有了对自己的深入了解之后，接下来，就是如何将这些自我剖析的成果应用到职业发展规划中了。

首先，要根据自己的情况来选择合适的职业方向。据统计，在选错职业的人当中，有80%的人在事业上是失败者。所以，别一味追求热门行业

和高薪职位，适合自己的才是最好的。如何选择正确的职业呢？至少应考虑四点：性格与职业的匹配、兴趣与职业的匹配、特长与职业的匹配、内外环境与职业相适应。

其次，你需要明确自己的职业目标和发展路径。这就像是在规划一次旅行，你得知道目的地在哪里、路线怎么走、沿途有哪些风景和挑战。目标可以是短期的，比如提升职业技能、获得某个职位；也可以是长期的，比如成为某个领域的专家、创办自己的公司。重要的是，这个目标要符合你的性格、特长、兴趣和价值观等。还要明确，实现这些目标需要哪些条件、哪些能力、哪些资源，怎么能够具备这些东西。只有明确了目标和发展路径，才能在职业生涯的道路上少走弯路。

再次，评估与修订。俗话说："计划赶不上变化。"影响职业生涯发展的因素诸多，有的是可以预测的，而有的难以预测。这就像玩游戏，需要根据游戏进程和难度变化来调整策略、升级装备。因此，我们要定期对职业生涯规划进行评估，发现需要修订之处及时处理。其修订的内容包括职业是否需要调整、职业发展路径是否需要改变、职业目标是否需要修正、实施措施与计划是否需要变更等。

最后，保持积极的心态。职业发展是一个漫长的过程，其中难免会遇到挫折和困难。只有保持积极的心态，相信自己有能力克服障碍，才能实现超越，找到属于自己的那片天地。

◎押对牌能赢一局，跟对人则赢一生

> 金子本身是不会发光的，只有跟对了人，他让你有了反射的光，你才会光彩夺目！

你想在牌桌上赢吗？当然想。可是，光凭好运气押对牌，也许只能赢得一场游戏。要想在职业发展的道路上持续赢局,很重要的一个底层逻辑是:跟随一个具有很大发展前途的领导。跟错了对象,即使你有经天纬地之才也无从施展;而一旦选择了一个"明主",你的赚钱之路就平坦多了。

无疑,一个好的领导可以培养出一批能人,一个好的导师可以培养出一批好学生,一个好的师傅能够带出一批好徒弟。金子会发光吗?不会,它只有在阳光、灯光之下才反射光。这正如同一个有才华的人,如果没有一个懂得识别人才、运用人才的人扶持他、协助他,给他提供展示和发展的舞台,那么他多半是生活惨淡、落魄一生。

所以,懂得职场底层逻辑的人能把自己的职业"钱途"同领导的前程放在一起,通过领导来实现自身价值的提升。

一个具有发展前途的好领导,主要有以下特点:第一是具有长远的眼光和卓越的才能;第二是重修养、讲道德,不搞歪门邪道;第三是善于用人,你才有机会更好地展现自己的才能;第四是有宽广的心胸,能发脾气的时候却不发脾气的领导多半非常厉害,没有宽广心胸的领导,也容忍不了能力比自己强的人;第五是愿意从下属的角度思考问题,只关心自己的领导往往也不关心你的前途;第六是敢于承担责任,如果出了问题就把责任往下推,有了功劳就往自己身上揽,这样的领导不跟也罢。

一个有前途的好领导的特点当然不止这些,细心的人可以在现实之中细细琢磨,因为不少细节是很难阐述的,几乎是"只可意会,很难言传"。并且,发现有前途的领导是一件细活,"运用之妙,存乎一心"。

要想真正跟对人,除了要了解什么样的人值得跟之外,最好还要知道什么样的人不值得跟。总结起来,不值得跟的领导大致有以下八种。

(1)事必躬亲者

如果你不希望永远处在一个职位,最好选择一位懂得授权的领导。事必躬亲的领导无法留住人才,一家留不住人才的公司,你怎能期望它有好的绩效呢?

（2）鱼和熊掌都想兼得者

又要马儿跑，又要马儿不吃草，这种领导到最后一定是两手空空的。当然，你也别想得到什么大的收获。

（3）朝令夕改者

领导一天到晚都在提出新药方并否定旧药方，公司上上下下都忙着收拾残局，忙着拆东墙补西墙，在这种人领导的单位工作是没什么发展前途的。

（4）不善待老部下者

在一个公司里，如果你没有发现几位"开国元老"，很可能他们在江山稳固之后就被"杯酒释兵权"，甚至"卸磨杀驴"了。

（5）言行不一者

跟着这种领导，你在开展工作时会无所适从，即使你干出了成绩，他也未必能兑现以前对你的承诺。

（6）喜欢甜言蜜语者

这种领导对团队人力结构具有"劣币驱除良币"的作用，除非你把自己也变成阿谀奉承之徒，否则根本没有发展前途。

（7）性格多疑者

通常这类人都有惨痛的经历，"一朝被蛇咬，十年怕井绳"。跟随这种领导，心理负担之重可想而知。更严重的是，你会经常有无处可申的"不白之冤"。

（8）心胸狭窄者

这类领导眼中容不下在某方面超过他的下属，同时也容不得别人的缺点和错误，对一点小事斤斤计较。跟着这种领导做事，即使你整天战战兢兢、如履薄冰，也难免会被他找到"问题"。

在职场上，跟对人能少走很多弯路，人生很可能就此改变。而跟错了人，职场前途将艰辛曲折，不仅埋没你的才华，耗费你的精力和时间，还会消磨你的信心和耐心，导致你一辈子的努力可能赶不上人家几年的成绩。因此，我们要拥有一双慧眼，去识别那些值得追随的领导，并努力处好彼此的关系，从而在人生的牌局中赢得长久的辉煌。

◎升职加薪要亮出"功劳"而非"苦劳"

> 老板心中最高分数的下属,一定是那些最能帮他赚钱的下属。

在职场中,升职加薪是我们追求和期待的目标。然而,要实现这一目标,很多人往往陷入了一个误区,那就是过分强调"苦劳"而忽略了"功劳"。事实上,升职加薪的底层逻辑在于我们所取得的"功劳",而非"苦劳"。

"苦劳"指的是我们在工作中所付出的辛勤努力和汗水。它确实是升职加薪的基础,但仅仅依靠苦劳是不够的。因为在职场中,努力和付出是普遍存在的,大部分人也在为了工作而努力奋斗。如果仅仅停留在苦劳的层面,而没有创造出实际的价值和成果,那么很难在激烈的竞争中脱颖而出。

相比之下,"功劳"则更强调我们在工作中所取得的实际成果和贡献。它是能力和价值的直接体现,也是升职加薪的重要依据。功劳不仅仅是完成了多少任务,更在于我们是否能够解决问题、创造价值、推动团队的发展。只有当我们在工作中展现出自己的能力和价值,才能够赢得领导和同事的认可,进而获得升职加薪的机会。

因此,一定要把自己的工作当成一项业务来做,真正做出卓越的成绩来,而不能仅盲目地为做事而做事,不关心效果。

追求"功劳"而不是"苦劳",是每一个想升职加薪的人必须具备的重要理念。不管在哪个工作岗位上,必须干出成绩,这是谋求升职加薪最过硬的资本。只有把工作做好了,说话才会有底气,才能得到领导的赏识，让大家心服口服。

出色的业绩，对领导最具诱惑力。在这个凭实力说话的年代，讲究能者上庸者下，没有哪个公司愿意拿钱去养一些无用的闲人。能力是衡量一个人的标准，能够为公司带来效益的人，才能被公司持续重用。

无论哪一个公司，业绩都是公司运作的核心，看重员工的业绩是企业生存的需要。俗话说"在商言商"，公司不是慈善机构，老板也不都是具有菩萨心肠的慈善家，他最主要的目的是获得盈利，使生意越做越大。这是根本。老板雇用你就是为了达到自己的这一目的。

一个成功的老板背后，必然有一群能力卓越、业绩突出的职员。没有这些优秀的职员，老板的辉煌事业将无法继续下去。所以，老板看重业绩，势在必行。如果你不能拿业绩证明自己，那你只能面临一个结果：被淘汰。不要责怪老板薄情寡义，一个公司要生存发展，能赚钱才行，如果公司不淘汰没有业绩的员工，那么公司就会被市场所淘汰。

工作业绩最能证明你的工作能力，显示你过人的价值。事实表明，既能跟老板同舟共济，又业绩斐然的下属，是最令老板倾心的。如果你在工作的每一阶段，总能找出更有效率、更经济的做事方法，你就能提升自己在老板心目中的地位。你将会被提拔、被委以重任。如果你其他方面都表现得很好，就是总无业绩可言，受利润的驱使，再有耐心的老板，也难以容忍长期无业绩的下属。届时，即使你忠贞不贰、永不变心，老板也会变心，甘愿舍弃有忠诚无业绩的你，留下忠心且业绩突出的人。

总之，职场是努力证明自己成绩的战场。无论何时何地，如果你没有做出成绩，没有功劳，难免会成为一枚弃用的棋子。所以如果你想要证明自己并吸引老板，最好的办法就是做出"功劳"，而不是亮出"苦劳"。

第五章 副业逻辑：通过兼职赚钱，实现从月光族到副业达人的华丽转身

"副业"这个词近几年尤其是疫情之后逐渐流行。在工作之余做一些适合自己的副业，不仅能够带来一份额外的收入，还能拓宽视野、提升技能、拓展人脉、增强自信和安全感。如果有机会的话，把它发展成主业，甚至创业当老板也并非不可能。

◎不要等到失业时才知道副业的重要性

> 副业不只是一份额外收入,更是为未来创造更多可能性的一种有效手段。

很多上班族认为,只要有一份稳定的工作,就足以支撑起整个家庭的开销,因此从未考虑过开拓副业。然而,现实的逻辑是随着你工龄的增长,你的工资要求会越来越高,而公司则会考虑用工成本问题,所以时间越长,你的危险性就越大。如果公司一旦把你解雇,或者它自己倒闭,这时候才知道副业的重要性,恐怕已经晚了。

究竟做副业有何重要性呢?

(1)提高经济收入和生活质量

无论你目前的收入有多高,通过副业增加你的收入是一个不错的主意。这可以帮助你在遇到意外支出或者收入减少的情况下依然保持财务稳定。它也可以给你提供更多的机会去实现自己的梦想,比如旅行、购买更好的物品、提升你的技能等。

(2)面对职场变故时从容不迫

做副业的逻辑,不仅仅是赚钱那么简单。在现代社会,没有哪一份工作是绝对稳定的。无论是公司裁员、行业变革还是技术更新,都可能让我们失去原有的工作。而拥有副业的人,即使主业遭遇困境,也能够依靠副业来维持生计,减轻经济压力,有更多的时间和精力去应对生活中的挑战。

(3)拓宽社交圈子,增加人脉资源

在开拓副业的过程中,我们不可避免地会与不同领域的人打交道,这为我们提供了一个结交新朋友、拓展人脉的好机会。这些人脉资源不仅可以为我们提供更多的商业机会，还能够在关键时刻为我们提供支持和帮助。

（4）可以追求自己的兴趣爱好

副业是可以选择自己喜欢的事来做的一种方式。这意味着你可以将自己的兴趣爱好转化为一种赚钱的机会，同时让你感到更满足和更有动力，使自己的业余生活和精神生活更加丰富多彩。

（5）激发创造力和创新精神

在主业中，我们往往被固定的岗位职责和工作流程所束缚，难以充分发挥自己的创造力和创新精神。而在副业中，我们可以更加自由地选择自己感兴趣的项目和领域，充分发挥自己的想象力和创造力。这不仅能够让我们在工作中获得更多的乐趣和成就感，还能够为我们带来意想不到的收获和惊喜。

（6）提升职业技能和竞争力

在副业中，我们需要不断学习和掌握新的知识和技能，以适应不断变化的市场需求。这种学习过程不仅能够让我们不断提升自己的职业技能水平，还能够让我们在求职市场上更具竞争力。当我们再次面临职业选择时，这些技能将成为我们宝贵的资产，让我们更容易找到满意的工作。

（7）作为转行或者转型前的过渡

不是每个人都喜欢做自己现在的工作，但是又不能随意来一场"说不干就离职的旅行"，更好的方法就是，选择一个可以发展成为职业的副业，然后利用业余时间做副业，学习所需要的知识技能。当有一定的积累之后再转行或转型。

拥有副业对个人来说是好事，但是这对于你的主业的公司和领导来说并不是好事。如果尚未打算把副业发展成主业，一定要记住三个"潜规则"：一是守住你的秘密，合理分配时间，不要让副业耽误主业，尽量让副业成就主业或未来的事业；二是不要利用主业公司的资源增加副业收入；三是不要给主业公司的竞争对手做副业，否则，一旦被你主业的公司领导发现了,你在这个行业也就待不久了,副业和主业很可能都保不住。

◎如何判断一个副业是否适合自己

选副业就像选对象,重要的不是颜值,而是配不配得上、合不合得来。

在当今这个快节奏、高压力的时代,越来越多的人开始尝试在主业之余,开展一些副业活动。看着朋友圈里那些副业做得风生水起的小伙伴,你是不是也心动了?先不要盲目跟风,别人做得好的副业未必你做就能赚钱,别人做不好的副业也未必你做就一定会亏钱。搞副业关键在于找到适合自己的项目。这是通过副业赚钱的底层逻辑。

那么,如何判断一个副业是否适合自己呢?

第一,要明确自己的兴趣。 兴趣是最好的老师,也是我们持续投入的动力源泉。只有对副业充满热情,我们才能在面对困难和挑战时保持坚定的信念和不竭的动力。因此,在选择副业时,我们应该优先考虑那些与自己兴趣相关的领域。例如,如果你热爱摄影,可以考虑成为一名业余摄影师,为朋友、家人或企业提供摄影服务;如果你对美食有独到的见解,那可以尝试开个美食公众号或者做个美食主播;如果你喜欢写写画画,可以尝试当个自媒体人,写写文章、拍拍视频,既能抒发内心情感,又能赚取外快。只有真正热爱自己的副业,才能在其中找到乐趣,也更容易取得成功。

第二,投入要少。 这里讲的投入少,不仅是投入的资金,还要考虑自己的时间和精力。副业虽然能带来额外的收入,但也需要投入一定的资金、时间和精力。投入的少,才不会跟主业冲突,还能兼顾家庭,如果有一天收入稳定了,也可以拿来当主业,这样风险很小,如果失败了也不会太影响生活。

第三，多去调研，避免闭门造车。你可以通过网络、媒体、社交平台等渠道，收集和分析相关的信息和数据，找出市场上有哪些需求没有得到满足或者有哪些问题没有得到解决，以及有哪些竞争者已经存在或者自己有哪些优势可以超越他们。还可以去实地考察一下，看看那些成功的副业经营者是怎么做的。通过调研，可以明确自己如何入手，从而避免走弯路。

第四，评估自己的专业技能。调研过后，你可能筛选出几种副业，这时就需要评估一下自己是否具备这些领域的专业技能。如果答案是肯定的，那么有专业技能的加持，不仅能帮助你在副业中脱颖而出，还能进一步提升你的专业水平和竞争力。相反，如果你在某个领域没有任何基础，那么就要谨慎，或者先去学习和提升。

第五，关注副业的市场前景和可持续性。一个适合自己的副业，不仅能带来收益，还应该具有广阔的市场前景和可持续的发展潜力。在选择副业时，我们可以通过市场调研、分析行业趋势等方式，了解该副业的市场需求和竞争状况。同时，我们还要考虑该副业的长期发展前景，避免选择一些短期热门但缺乏长期生命力的副业。

在确定了适合自己的副业后，我们要制订切实可行的计划，然后去尝试、去体验。可以先从小规模开始，比如先试着在朋友圈卖点小东西，或者写几篇文章看看反响如何。通过试水，我们能更直观地了解这个副业的潜力和风险，从而做出更明智的选择。

◎普通上班族可以拥有的六大副业类型

> 不管做哪个类型的副业,都要看自身的条件和资源,并做好规划、稳步实施。

有不少上班族不太满足于现有的薪资收入,毕竟除去各种开销,如房贷、车贷、孩子的学费、生活费等,每个月都是所剩无几。那么,在不影响上班的前提下赚外快,有哪些副业上班族可以做呢?它们的赚钱逻辑又是什么呢?

副业种类繁多,可以根据不同的标准进行分类。常见的副业类型包括以下几类。

(1)耗时耗力型

这个赚钱逻辑非常容易理解,就是用体力和时间换钱。很多人的副业都是从这种类型开始的,比如发传单、当服务员、跑滴滴、代驾、送外卖、摆地摊、做家政、网友陪玩、电商客服等,这类项目门槛非常低,都是通过付出时间和体力来获得报酬,是一种最普遍的副业类型。

(2)专业技能型

专业技能型副业是指利用自己的专业技能或特长,为他人提供服务的副业形式。这种副业通常具有较高的附加值,能够为从业者带来较高的收益。比如摄影摄像、美容塑身、手工艺品制作、宠物寄养与美容、在线教育、编程、写作、设计、翻译、数据处理与分析等。

(3)代理与分销型

代理与分销型副业是指通过代理或分销产品或服务,从中获取利润的方式。这种副业形式通常不需要投入大量的资金,但需要有较好的市场洞察力和人际关系。产品代理、微商分销、跨境电商是常见的代理与分销型副业。在选择代理与分销的产品或服务时，可以考虑市场需求大的产品，要确保所代理与分销的品牌或产品具有良好的信誉和口碑，同时自己需要具备一定的营销和推广能力，以确保销售的顺利进行。

（4）自媒体类

目前市面上有很多自媒体平台，如微信公众号、抖音、快手、知乎、小红书、秒拍、映客、花椒、YY、虎牙直播、豆瓣、大鱼号、头条号、百家号、企鹅号、视频号等。你需要根据自己的定位和目标受众来选择平台。例如，如果你的内容更偏向文字，可以选择微信公众号或知乎类的平台；如果你的内容更偏向视频，可以选择抖音或快手类的平台。自媒体类平台收益基本模式是靠打赏、带货、广告、知识付费等获得收益。也有的平台会以大赛形式推出各种网络媒体写手的扶持计划。关于通过自媒体赚钱的底层逻辑，后面的章节我们将详细讲述。

（5）信息资源型

这是一种利用信息差来赚取收入的副业类型。简单来说，就是利用你所知道但别人不知道的信息，或者你有而别人没有的信息资源，通过提供这些信息或基于这些信息进行服务来获得收益。例如，房产中介、二手车中介、职业中介等都属于这一类型。在互联网时代，信息资源型副业的形式也变得更加多样。例如，有些人专门搜集某个领域的信息，如贷款信息、旅游攻略等，然后提供给需要的人，收取一定的费用。还有一些人利用自己的专业知识或经验，提供付费咨询服务，帮助客户解决问题或获取所需信息。

（6）资源优势型

利用自己已经拥有或者可以获取到的资源优势，为他人提供服务或者产品，可以获取报酬或利润分成。这些资源可以是实体资源，如原材料、产品库存或特定的地理位置，也可以是虚拟资源，如专业知识、技能或社交网络。跨境代购类副业就是利用地理资源来获得利益，还有人利用乡土资源，卖一些土特产等。如果你在某个地区有特别的资源或人脉，你可以考虑做导游服务或地区特产销售；如果你手上有政商资源，那么酒水销售可能是一个不错的选择。在运营资源优势型副业时，关键在于如何有效地利用和管理自己的资源，以及如何将这些资源转化为实际的收益。

（7）投资理财型

投资理财型副业是指通过投资股票、基金、文玩、古董等获得额外收益的方式。这种副业需要一定的专业知识和风险意识，但也有可能带来较高的回报。投资者应根据自己的实际情况和风险承受能力进行投资，切勿盲目跟风或听信不实信息。在进行投资活动前，可以咨询专业的投资顾问或金融机构，以获取更准确的投资建议，谨慎选择投资项目。

◎注意协调，避免主业与副业发生冲突

> 无论在什么行业，先要站稳脚跟活下去。如果主业还没做好就急着做副业，结果就是两者都做不好。

副业是我们追求个人价值、实现经济多元化增长的重要途径。然而，副业并非简单的赚钱手段，它同样需要投入时间和精力，因此在追求副业的同时，如何确保其与主业的协调，避免两者之间的冲突，就显得尤为重要。

我们要明确副业与主业的定位。主业，通常是职业生涯的基石，为我们提供稳定的收入来源和职业发展平台。它代表着我们的专业能力、职业地位和社会角色，也是我们实现职业梦想、追求事业成功的根本。而副业之所以称为副业，是因为还有主业的职业作为发展重心。记住一句话，主业不稳定就别想搞副业。很多人自己的主业都还没有做好，就想通过副业增加收入，这就是把二者的逻辑关系搞反了。

先聚焦自己的主业，经过3~5年的努力，在主业上能驾轻就熟，那么

你就可能有更多的空余时间可以支配，这个时候开启副业是一个比较好的时机。

通常来说，副业是对主业的补充和延伸，它既可以是增加收入的途径，也可以是我们兴趣爱好的体现。因此，我们需要明确自己在主、副业中的定位和目标，确保两者的发展方向相互补充而不是相互冲突。

明确了两者的定位后，我们就需要在实践中注意它们之间的协调。这种协调不仅体现在时间的分配上，更体现在精力的投入、目标的设定和心态的调整等多个方面。

在时间分配上，我们要根据主、副业的特点和自身情况，合理安排工作时间。主业通常有固定的工作时间和任务要求，而副业的工作时间则相对灵活。因此，我们需要根据自己的实际情况和需求，合理安排主、副业的工作时间。这可能需要我们对工作和休息时间进行适当调整，以确保两者之间的平衡。例如，我们可以采用时间管理的方法，如制订详细的日程表、设置优先级、避免拖延等，来确保主、副业之间的时间分配得当。同时，我们也要学会拒绝一些不必要的干扰和诱惑，保持专注和高效。

在精力投入上，要根据主、副业的性质和个人能力合理分配。主业通常需要我们投入更多的精力和心思，因为它是我们职业发展的主战场。副业则可以根据实际情况灵活调整，既可以是轻松愉快的休闲活动，也可以是需要一定专业技能的兼职工作。但无论如何，我们都应确保主业的精力投入不受影响，避免因为副业而分散主业的注意力。

在目标设定上，我们要确保主、副业的目标相互协调，共同促进个人和事业的发展。主业的目标通常是长期的、稳定的，而副业的目标则可能是短期的、灵活的。我们应根据自己的实际情况和需求，设定合理的主、副业目标，避免两者之间的冲突和矛盾。同时，我们也要根据目标的变化和实际情况的发展，及时调整主、副业的发展策略，确保两者之间的协调与平衡。

在心态调整上，我们要保持积极、乐观的态度，正确看待主、副业之间的关系。副业虽然可以为我们带来额外的收入和乐趣，但它不应成为我们追求事业成功的唯一途径。我们应把副业看作是对主业的补充和丰富，而不是替代或竞争关系。同时，我们也要学会在主业和副业之间找到平衡点，避免因为过度追求副业而忽视或放弃主业的发展。

此外，我们还要注意副业与主业之间的风险控制和资源共享。副业虽然可能带来一定的经济收益和职业发展机会，但同时也可能伴随着一定的风险和挑战。因此，选择副业要谨慎考虑，确保其与主业的协调发展。同时，我们还要善于利用主、副业之间的资源共享，如利用主业的资源和人脉来推动副业的发展，或利用副业的经验和技能来丰富主业的内涵。

主业与副业的协调还需要我们不断反思和调整自己的策略和方法。随着时间的推移和情况的变化，我们可能需要对自己的主、副业发展策略进行调整和优化。因此，我们需要定期回顾自己的主、副业发展情况，总结经验教训，并根据实际情况制订新的发展计划。通过不断反思和调整，我们可以更好地处理主、副业的关系，在追求个人梦想和事业发展的道路上走得更远、更稳。

第六章 创业逻辑：跳出常规思维，找到投资少、见效快的白手起家之路

若我们属于"祖传平民"，靠一份稳定的工作，即使再加点儿副业，也很难改变命运。对于普通人来说，如果有机会、有能力，不妨尝试自主创业。创业是一种充满挑战也充满机会的行为，可以说，它是穷人翻身的捷径，是逆袭人生的首选。

◎创业是草根逆袭的重要途径之一

    草根改变命运的途径并不多，而创业就是为数不多的逆袭捷径之一。

  在这个充满机遇与挑战的时代，逆袭的故事屡见不鲜，而创业正是草根逆袭的底层逻辑和重要途径之一。对于那些出身平凡、资源有限的草根来说，创业不仅可能让你实现收入的大幅增长，更可能让你在人生的舞台上大放异彩，实现自我价值。

  相比于传统的打工模式，创业带来的收益往往更加丰厚。当然，这并不意味着创业就能快速致富，它需要付出艰辛的努力和汗水。但只要不断学习和提升自己的能力，就有可能实现财富的快速增长。这种财富不仅仅是金钱上的，更包括经验、人脉和自信等无形的资产。

  创业为草根提供了实现自我价值的舞台。在从事传统职业时，草根们往往只能扮演一个被动接受的角色，难以充分发挥自己的才能和潜力。而创业则不同，它让草根们能够根据自己的兴趣和特长，选择适合自己的项目，充分发挥自己的创造力，实现个人价值的最大化。

  创业让草根有机会打破阶层壁垒。在传统的社会结构中，阶层的固化往往让草根难以翻身，他们只能在一个又一个打工岗位上耗尽自己的青春和精力。然而，创业可以让草根从被动的求职者转变为主动的创造者和领导者。创业不看学历、不看背景，只看能力和努力。这是一个公平的竞技场，每个人都可以在自己的事业中展现自己的能力和才华，开创一片属于自己的天地，实现财富的积累和社会地位的提升，从而跳出原有阶层，实现阶层跃迁。

对草根来说，创业不仅是一种经济行为，更是一种生活态度和人生追求。它让我们有机会证明自己，有机会挑战传统，有机会创造属于自己的辉煌。

然而，创业并非一件简单的事情，它需要付出艰辛的努力和承担相应的风险。在创业过程中，我们可能面临资金不足、技术难题、市场竞争等多方面的挑战。但正是这些挑战，促使我们不断学习、提升自己的能力，从而更好地应对各种困难。

为了提高创业的成功率，要充分利用各种资源和支持，除了亲友之外，还可以向政府和社会机构寻求帮助，例如公益性质的创业培训、资金支持和政策优惠等。创业者自身也需要具备坚定的信念、敏锐的市场洞察力、敢于冒险的勇气及承受失败的能力，这些都是草根逆袭的重要支撑。

同时，我们也要看到，创业并不是适合每个人的。它需要我们有足够的耐心和毅力去应对各种挑战和困难；需要我们有足够的智慧和勇气去做出正确的决策；需要我们有足够的热情和激情去感染和影响他人。创业是逆袭人生的一种途径，但并不是唯一的途径，每个人都有自己的特长和优势，也有适合自己的发展道路。有些人可能更适合跟随别人，同样也能实现自己的逆袭。因此，我们应该根据自己的实际情况和兴趣特长，选择适合自己的发展道路。

◎创业要优先考虑自己熟悉的行业

创业时，寻找项目要先从自己熟悉的行业开始，这是通过创业赚钱的最现实的底层逻辑。

我们都知道，在动物界，几乎每个食肉动物都有自己的领地。在这个领地里，它就是国王，甚至，它不允许别的动物涉足它的领地半步。

人类社会发展到今天，早已不再是占山为王的时代，但是我们可以从中得到启发：要发展我们的事业，优先考虑从自己的领地开始，而不要随随便便"弃熟就生"，这是平民创业赚钱的底层逻辑。

优先考虑自己熟悉的行业，不仅能够降低创业风险，还能发挥专业优势，为创业成功打下坚实的基础。

（1）降低创业风险

创业本身就是一个充满不确定性和风险的过程，而在陌生的行业中创业，风险更是成倍增加。我们可能会遇到一堆根本想象不到的问题，到时候手忙脚乱，还可能血本无归。相反，如果从自己熟悉的行业开始，那我们至少对这个领域有基本的了解，遇到问题也能有大概的解决思路，避免走弯路，减少不必要的损失。同时，我们还能够更准确地评估创业项目的可行性和风险程度，做出更加明智的决策。

（2）知识和经验优势

在熟悉的行业中，我们已经具备了一定的知识储备和实践经验，了解行业的规则、趋势和竞争格局，能够更准确地判断市场需求和潜在机会，能够更合理地控制成本，优化运营流程，提高效率和利润。这将使我们在面对各种挑战时，能够迅速采取有效的应对措施。

（3）专业优势

在熟悉的行业中，我们往往拥有更扎实的专业知识和技能，能够更好地解决行业内的痛点问题，提供更具针对性的产品或服务。这种专业优势将使我们在市场竞争中脱颖而出，赢得客户的信任和市场的认可。

（4）人脉优势

在熟悉的行业中，我们可能已经积累了一定的人脉关系，包括供应商、合作伙伴、客户等。这些人脉可以为我们提供宝贵的支持和资源，帮助我们更顺利地开展业务、解决问题。

（5）应变优势

行业的变化是不可避免的，在熟悉的行业中，我们更容易察觉到这些变化，能更快地适应新的趋势和技术，并及时调整策略，发现潜在的创新点和改进空间，推出独特的产品或服务，从而在竞争中脱颖而出。

创业就像一场冒险，需要有勇气去面对未知，去挑战自己。但是冒险也得有个底线，别一股脑儿地冲进去，结果把自己给坑了。所以，创业还是优先考虑从自己熟悉的行业开始，先打好基础，再逐步地扩展到其他领域。

当然，这并不是说一辈子都别挪窝，如果你在原来的行业确实没有前途，而且你也丝毫没有热情，换个行业也无可非议。但如果你原来的行业尚可，单纯只是觉得别的陌生行业特赚钱，便匆匆忙忙地上阵去搏杀，失败的概率要远远大于成功的概率。

需要指出的是，这里说的熟悉的行业，并不局限于我们过去的工作经历或学习背景。熟悉的行业，也可以是你业余时间喜欢琢磨的东西，或者是你一直关注的某个行业或市场。只要你对这个领域有足够的认知和积累，就可以考虑将其作为创业的起点，逐步拓展自己的事业版图。

◎不盲目跟风，发现热点旁边的财富

热点出现，抢得先机固然幸运，若没抢到也不必心急如焚，离热点咫尺之遥不也有财富闪闪发光吗？

有不少人并没有特别熟悉的行业，或者以为只要紧跟热门的行业或商业模式，就能轻松获得成功。然而，这种做法往往忽略了市场的多样性和复杂性，以及自身的实际情况，没有经过大量的调查和琢磨，就轻率地把资本投下，是很难一举成功的。

盲目跟风的人，选择行业并没有自己的主见，往往是哪里热，哪里利润高，就往哪里挤。这样的选择看似不错，但在你看来是不错的选择，在别人看来也差不到哪里去。你可以进入，人家也可以进入。因此这些热门生意竞争往往非常激烈。市场只有那么大，竞争的人多了，当然淘汰率也就高起来。动手早的尚能赚到钱，稍迟一步的便会亏得两袋空空，甚至负债累累。

对于没有雄厚资本的普通创业者来说，通过创业赚钱的一个底层逻辑是要独辟蹊径。

在选择创业项目时，超越热点本身，寻找与其相关但尚未被充分开发的领域，是更明智的选择。这些领域可能是热点的延伸、补充或者是与之相邻的细分市场。在这些领域中发掘机会，能够避免与众多竞争对手直接碰撞，同时也能够满足市场的潜在需求。

发现热点旁边的财富需要深入的市场研究和分析。创业者应该了解行业的整体趋势、消费者的需求变化及新兴技术的发展。通过对市场的细致观察和数据分析，发现潜在的需求空白和未被满足的客户群体。例如，在移动互联网热潮中，许多人纷纷涌入手机应用开发领域。然而，一些创业者却将目光投向了与移动互联网相关的周边产业，如智能硬件、移动支付等。这些领域虽然不如手机应用那么热门，但同样具有巨大的发展潜力和商业机会。

除了市场研究，创新思维也是找到热点旁边财富的关键。创业者要敢于突破传统思维的束缚，从不同的角度思考问题，寻找独特的解决方案。有时候，热点旁边的机会可能隐藏在看似不起眼的细节中，或者需要通过跨界融合来创造新的模式。例如，共享经济的兴起带来了共享单车、共享办公等热点，有些创业者却将共享理念应用到其他领域，如共享充电宝、共享厨房等，开创了新的市场空间。

此外，与热点相关的产业链也是寻找财富的重要途径。一个热点的兴起往往会带动周边产业的发展，创业者可以从供应链、服务支持、配套产品等方面入手，提供专业化的解决方案。例如，在电子商务热潮中，物流配送成了关键环节，一些创业者专注于提供高效、便捷的物流服务，从而在热点旁边找到了自己的商业定位。

当然，发现热点旁边的财富并不意味着完全避开热点。热门行业或项目确实存在一定的市场和机遇，但关键在于如何结合自身实际情况去把握这些机遇。普通创业者可以通过学习热门行业的知识和技能，了解市场趋势和消费者需求，从而发现与热点相关的创新和差异化来突出自己的竞争优势。在热门领域中，通过提供与之相关的产品或服务，满足消费者特定的需求，同样能够获得成功，关键是要有自己的特色和价值主张，与其他竞争对手区分开来。

◎普通人怎样筹集创业的启动资金

> 创业要留出一定的生活费。特别是已婚有孩子的，要确保不会因为创业而使家庭陷于困境之中。

对于许多普通人来说，创业最大的难题之一就是筹集创业启动资金。筹资之前，必须厘清以下逻辑：知道启动这个创业项目需要多少资金，然后分析哪些资金是可以后期支付的，哪些资金必须提前预支，再根据你自己现有的储蓄、未来一定时期的收入，大概计算出自己的资金缺口，这就是你要筹集的资金。

没有创业经验的人很容易低估创业所需要的资金。他们能够看到场地租金、进货这类非常明显的成本，但容易忽略信息成本、管理成本、生活费用等，从而低估所需资金的总额。因此，不仅要计算必需的资金，还要把一些额外所需的资金计算在内，这样可以防止所需资金出现较大的误差。

接下来就要确定需要筹集资金的来源。一般来说，筹集资金有以下八大来源，创业者可根据自己的现实状况来选择适合自己的筹集方式。

（1）自有资本

在创业之前，尽可能地节省和积累资金是很重要的。这可能需要一定的时间和自律,但通过合理规划个人开支、制订储蓄计划并坚持执行,可以逐步积累一定的资金,让你有更多的可支配资金用于创业。

(2)私人借款

这是创业者筹集资金的第二种主要来源。家人、亲戚和朋友一般是理想的借款人。在借钱之前,最好向他们说明你的项目,包括投资额度、预期收入和风险。然后把你的资金状况与缺口告诉他们,看看他们是否愿意借钱给你。如果获得了他们的支持,打上一个借条,说明借款的数目、时间与借款条件,最好比照当时的银行利息,支付借款利息。项目启动后,要注意让他们不断地获得关于你真实经营状况的信息,以避免他们内心的担忧和对你产生不信任感。

如果你的亲友中有人对你的项目感兴趣,而且你也对他们有信心,可以询问他们是否愿意进行合作投资。要注意的是,事先一定要把合作的条件,特别是利益的分享与风险的承担问题写清楚,而不只是口头约定。

(3)寻找合伙人

这种资金的筹集对创业者初期的活动可能是非常重要的。通过媒体寻找合伙人是一种新型途径,但一般来说,合伙关系的建立往往是以事先的友谊或业务关系为基础的,一方面是由于互相之间的信任,另一方面也是基于相互间的了解,没有事先的了解就匆匆合伙,很少有成功的例子。

(4)银行贷款

银行贷款是常见的筹资方式之一。不过,获得银行贷款可能需要满足一定的条件,如良好的信用记录、稳定的收入和可靠的商业计划。在申请贷款之前,了解不同银行的贷款政策和要求,并准备好相关的文件和资料。此外,寻找担保人或提供抵押物可能增加获得贷款的机会和额度。

(5)申请政府扶持和创业基金

政府和一些机构提供各种创业扶持计划和基金,以鼓励创业和创新。研究并了解你所在地区或相关行业的政府补贴、税收优惠、贷款和奖励计划。这些资金可能用于技术研发、市场拓展或培训等方面。符合条件的创业者可以申请并利用这些资源。

（6）利用众筹平台

众筹是通过互联网平台向大众筹集资金的方式。你可以通过创建一个吸引人的众筹项目，向公众展示你的创意和产品，吸引他们的支持和资金。提供有吸引力的回报和清晰的项目描述，是吸引潜在支持者的关键。这种方式不仅能够帮助创业者筹集到资金，还能在一定程度上扩大项目的知名度和影响力，获得市场反馈和建立早期用户基础。

（7）创业比赛和奖学金

许多组织和机构举办创业比赛，提供奖金和投资机会给有潜力的创业者。此外，一些学校和机构也提供创业奖学金，鼓励学生创业。研究并申请适合你的比赛或奖学金，展示你的创意和商业计划，可以增加获得资金的机会。

（8）天使投资人和风险投资

天使投资人又被称为投资天使，是权益资本投资的一种形式，指具有一定净财富的个人或者机构，对具有巨大发展潜力的初创企业进行早期的直接投资，属于一种自发而又分散的民间投资方式。

风险投资也称为创业投资，是指向创业企业进行股权投资，以期所投资创业企业发育成熟或相对成熟后主要通过转让股权获得资本增值收益的投资方式。

要吸引天使投资人和风险投资，需要有一个引人注目的商业计划、强大的团队和可行的市场机会。

需要特别注意的是，对于普通创业者来说，网贷的使用需要格外谨慎。虽然网贷为创业者提供了快速获取资金的渠道，但其背后隐藏着诸多风险与陷阱。在没有充分了解网贷的套路之前，建议还是积极探索其他比较稳妥的筹资方式。

◎ 选择合伙创业必须掌握一定的技巧

> 合伙创业的原则是先小人后君子。能够写在纸上的东西，就一定不要"口说无凭"。

一般而言，如果创业者想要投资的项目不需要投入大量的资金，如杂货店、便民小超市、小餐馆等，而又能独自筹到这笔资金，可以用独资经营的方式来开办。而如果需要汇聚多方资源，则合伙创业可能更合适。

与独自创业相比，合伙创业具有许多优势，如分担风险、整合资源、协同合作等。通过与他人的合作和交流，我们可以共享资源、降低成本、扩大影响力，从而增加创业的成功率。

然而，要使合伙创业取得成功，并不是一件容易的事情。它需要创业者们厘清以下逻辑，并掌握一定的技巧。

（1）精心挑选合伙人

合伙创业的首要任务，便是挑选合适的合伙人。美国知名学者、《合伙还是单干——成功合伙的8个秘密》的作者阿兹里娜·杰夫说："一次商业合伙就像一场婚姻——种瓜得瓜，种豆得豆。"如果创业者对"伴侣"没有足够的了解就匆忙结婚，离婚也许就成为一种必然了。所以，如果你打算与人合伙创业，就要知道你需要怎样的人与你为伍。

优势互补：合伙创业就像一台由多个部件组成的机器，各部件之间相互配合、互为补充，才能使整台机器正常运转。一个合伙人组合互补性强的话，不仅能为整体发挥优势提供更好的条件，还能产生单个人不具备的新的力量，而使整体的力量得到加强。

志同道合：不同的人创业的目标和动机可能不同，而不同的目标与动机会导致不同的经营战略和方法。如果你的目的是挣一年的钱，你所有的战略设计就自然围绕它去制订；如果你是想做一个百年老字号，那么你的经营策略又有所不同。在开始的时候，你们的目标一定要统一，纵使未来目标会逐渐改变，但起初也该方向一致。

重信守约：重信守约是宝贵的商业道德，也是合伙经营中对合伙人的基本要求。对合伙人的道德要求非常必要，也非常重要。

总之，理想的合伙人不仅是一个能提供金钱的人，也不一定是最好的朋友或亲属，他（她）应该是一个能与你的才能、性格及其他方面互补的人，是一个与你具有共同的发展目标和价值观念的人，是一个能让你信任、尊重、同甘共苦的人。这样大家才能在创业道路上携手前行。

（2）签订合伙协议书

为了避免合伙经营过程中出现管理扯皮和利润分成上的纠纷，签订"合伙协议书"是非常必要和重要的。把丑话说在前头，好过把麻烦留在后头。这不是见外，更不是不信任，而是一种原则与理性，是对双方关系的保护。合伙创业如果感情用事，最开始的时候抹不开面子，结果往往是既没有了面子，也失去了里子。

协议书应明确规定以下几个方面的条款：合伙的期限；每个合伙人的投资额、所占股份的比例；每个合伙人的管理权限和范围；怎样分配利润，如何承担损失；合伙人病假或休假的长短及间隔时间；某合伙人因某种原因长期缺席，其他人怎么办；不参加实际业务的合伙人如何了解和监督经营状况和账目；是否允许某个合伙人提前脱离合伙制，如果提前脱离怎么办，合伙人脱离或合伙公司解散时每个合伙人的资本份额如何估价；怎样排斥或接受新的合伙人。此外，合作协议还应规定争议解决的方式和途径，以便在出现问题时能够及时、有效地解决。

（3）强化团队协作

合伙创业的本质是团队协作。一个高效的团队，能够发挥出每个成员的最大潜能，形成强大的合力。因此，在合伙创业过程中，应注重团队协作能力的培养和提升：明确分工与责任，避免工作重叠和遗漏，提高工作效率。

合伙人之间应建立定期沟通机制，及时分享工作进展、交流想法和解决问题。此外，还应鼓励团队成员之间的非正式交流，以增进彼此的了解和信任，增强团队的凝聚力和向心力。

（4）妥善处理矛盾

每个人都有自己的个性，都有自己对某件事情的考虑和看法，由此而产生分歧、矛盾是正常的。但如果不能妥善处理这些矛盾，将对团队的稳定性和创业项目的进展产生负面影响。在发生矛盾时，要避免情绪化的决策和冲突的升级，秉持开放和包容的态度，通过积极的沟通和协商解决问题。

每个合伙人都要认识到，大家性格、思想不同，之所以聚到一起是为了求同的，而不是为了求异的。尊重彼此的观点，寻求共赢的解决方案，发展事业、实现共赢才是最终目的。至于相异之处，则可以慢慢调和。拥有了这种思想和逻辑，当工作细节上的矛盾出现时，才更容易积极地寻找共同点。对一些无原则性的矛盾没有必要一定分出个对错或是非，而另一些矛盾，如果无法内部解决，可以考虑引入第三方调解或咨询专业人士的意见。

总之，合伙创业是一门艺术，需要合伙人在实践中不断探索、磨炼和学习。只有掌握了合伙的艺术，才能共同打造出一个稳定、和谐、有竞争力的创业团队，实现共同的创业梦想。

第七章 商铺逻辑：选址精准是赢得商机的基石，设计独特是汇聚财富的法宝

对于有固定经营场所的创业项目来说，商铺选址如战场布局，精准定位方能横扫千军；店铺设计则是智取天下，巧妙构思方能吸引眼球。实体店的选址与店铺设计，犹如迈向创业成功的两条腿，缺一不可。二者完美结合，将为你带来无尽的商机。

◎选址：实体创业成败的关键因素

> 对普通创业者来说，选址一旦出错就是致命的，因此，我们必须慎之又慎。

如果你已经决定了自主创业并选择了实体的创业项目，接下来最重要的恐怕就是选址的问题了。

无论是开设商店、工作室，还是其他商业场所，选址都起着至关重要的作用。尤其是以门市为主的零售、餐饮等服务业，店址的选择，更是成败的关键因素。

随便走走，我们就可以发现，一些商铺开了一段时间很快就关张了，此类现象可以说是层出不穷。这其中原因可能很多，但最常见的就是创业者决策草率，在对店址和周边情况不了解的情况下盲目开店，最后落得一个惨败收场的结局，看了让人心痛。

正确选址是开实体店赚钱的一个极其重要的底层逻辑。店铺能否经营成功，店址的选择事关重大。优秀店址是店铺的一笔无形资产，一个位于繁华地段、商业氛围浓厚的店铺，往往能够给顾客留下良好的印象，提升店铺的品牌价值。很多人把店铺经营成功的首要原因归结为"选址，选址，还是选址"，可见，店址的选择举足轻重。由于店址一旦确定便很难改动，对于打算开店的创业者来说，详细规划店铺的地理位置显得特别重要。

选址就是选顾客。一个好的位置，往往能够吸引更多的潜在客户，为店铺带来稳定的客流；反之，如果选址不当，会导致客源不足，即使店铺装修考究、商品齐全、服务周到，也可能门庭冷落，导致营业额不足以达

第七章　商铺逻辑：选址精准是赢得商机的基石，设计独特是汇聚财富的法宝

到盈亏平衡，甚至持续亏损。

选址成败事关资金的安全回收。开一家店铺一次性投资需要上万甚至十几万、几十万元，如果开业几个月就关张，对于资金雄厚的人来说可能影响不大，但对于创业资金有限的人，往往是倾尽所有甚至借钱进行投资，一旦失败就会元气大伤，不仅创业目标无法达到，还会影响自己的信心，怀疑自己当初选择创业是不是一个错误。

店铺不管是租借还是购买的，一经确定，就需要大量的投入，它不像人、财、货等经营要素可以跟随外部环境的变化做相应调整。因此，对店址的选择，一定要深入调查，周密考虑，妥善规划，这样才能做出较好的选择。

店址的确定是制订店铺经营目标和经营策略的重要依据。不同的地区在社会地理环境、人口交通状况、市政规划等方面都有一些有别于其他地区的特征，它们制约着其所在地区的顾客来源、特点和店铺对经营的商品、价格、促销活动的选择。所以，创业者在确定经营目标和制订经营策略时，必须考虑店址所在地区的特点。

实体店铺创业失败的大部分原因都可以归结为选址失误。选址正确可以一俊遮百丑，在客流量极大的地方，即使你的店铺其他经营环节有问题，也照样是几乎卖什么都赚钱。因此，创业者要把选址当作实体创业的生命线，要投入足够的精力做好选址工作。

◎店铺选址前的地理与环境调查

店铺选址前首要的准备工作就是对店铺地址进行周密的调查，并列出一份详尽的调查报告。

一个合适的店铺位置不仅能够吸引更多的顾客，还能为店铺的长期发

展提供有利条件。因此，在选址之前必须进行一些调查，而地理与环境的调查是第一步。

店铺选址前的地理与环境调查通常遵循一系列有序的步骤，以确保选择到一个最有利于业务发展的地点。

（1）人口统计调查

要侧重对预投资区域内人口增长率、人口密度、年龄分布、学历及职业构成等方面的现状和发展趋势做调研。拥有这些资料，有利于把握区域内未来人口构成的变动倾向，并为市场细分提供有用的第一手信息。

（2）购买力和需求调查

商品和服务的需求程度直接影响店铺的选址。消费者即便有主观购买需求，但还要有足够的购买力。这涉及区域内经济结构是否合理、区域的经济稳定性、在较长时间内居民的收入情况和增长可能性等。

需求是人口和购买力的函数，比较不同区域的购买力指数，可为发现潜在的消费市场提供依据：购买力指数 $=A \times 50\% + B \times 30\% + C \times 20\%$。其中：A 是区域内可支配收入总和（收入中去除各种所得税、偿还的贷款、各种保险费和不动产消费等），B 是区域内零售总额，C 是具有购买力的人口数量。

（3）文化背景调查

区域内居民的价值观念、历史传统、民族等文化背景也影响到消费者的购物方式和所购商品的种类。有些地区具有较单一的文化传统，而有些地区的文化背景较复杂，如多民族聚集区。对文化背景的调查使创业者在进入市场前能够明确如何适应，并进一步考虑如何针对青少年和儿童消费者实施文化渗透策略。

（4）交通状况调查

交通状况直接影响顾客的出行和购物体验。调查时需要关注目标区域的交通流量、道路拥堵情况、公共交通设施以及停车便利性等方面。这些信息有助于评估店铺的可达性和潜在客流量。

交通状况调查，还要考虑客流来去方向。如选在面向车站、码头的位置,以下车、船的客流为主;选在邻近市场公共车站位置的,则以上车的客流为主。另外,还要分析交通管理状况引起的有利与不利条件。如单行街道、禁止车辆通行街道及与人行横道距离较远都会造成客流量在一定程度上的减少。

(5)城市及区域规划调查

有的地点从当前分析是很好的位置,但是随着城市的改造和发展,将会出现新的变化而不适合开店;反之,有些地点从当前来看不是理想的位置,但从规划前景看,会成为有发展前景的新的商业中心区。因此,创业者必须从长远考虑,尽力了解地区内的交通、街道、市政、绿化、公共设施、住宅及其他建设或其他建设项目的规划,做出最佳的地点选择。

(6)商圈和商业群调查

所谓商圈调查,就是经营者对商圈的构成情况、特点、范围及影响商圈规模变化的因素进行实地调查,为选择店址、制订和调整经营方针和策略提供依据。

商业群有四种类型:城市中央商业区、城市交通要道和交通枢纽的商业街、城市居民区商业街和边沿区商业中心、郊区购物中心。这些商业群配套设施(如停车场、银行、医院、餐厅等)较为完善,能吸引大量的顾客,创业者可根据自己的经营项目、租金支付能力,选择适合自己的店址。

(7)竞争态势调查

市场中竞争对手的实力也是影响店铺成败的一种环境因素。如果不能有效建立独特的竞争优势,就不容易在该地区站住脚。因此,有必要深入调查区域内竞争态势,对直接和间接的竞争者进行了解。例如他们为消费者提供商品和服务的种类,其消费人口的数量和营销策略等。对于零售市场较成熟和饱和的地区,再参与竞争会更困难,而到竞争不大的地区,特别在有政策扶持的情况下,进入市场要相对容易。

开展地理与环境调查,可以采取多种方法,如实地考察、问卷调查、网络搜索等,也可以咨询相关领域的专家或机构,以获得更加专业和深入的指导。

通过以上步骤和注意事项,店铺选址的逻辑可以更加清晰和有序,有助于为创业成功奠定坚实的基础。

◎ 采用多种方法进行实体店客流分析

人流量是衡量店铺位置好坏的重要指标,但也要考虑,这些人当中有多少人会购买你的东西。

客流分析是指对实体店顾客流量、顾客行为及顾客属性等数据进行收集、整理和分析的过程。俗话说"有人气才能有财气",人气是开店赚钱的底层逻辑。所以,选店址一定要提前做好客流量分析,这样,店铺才能生存和发展。

客流分析的方法多种多样,包括人工统计、视频监控、智能传感器等。

第一,人工统计是最基本的客流分析方法。创业者可以在店铺入口或关键区域进行客流量的统计,记录每日、每周或每月的客流量数据。虽然这种方法简单易行,但存在数据不准确、效率低下等问题。

第二,视频监控是较为常用的客流分析工具。创业者可以通过摄像头,对客流情况进行实时监控和记录。通过视频回放和分析,可以了解客流的行为路径、停留时间等信息。然而,视频监控可能涉及隐私问题,在使用时需遵守相关法律规定。

第三,智能传感器是一种新型的客流分析工具。通过布置传感器,可以实时监测到客流的进出、停留时间、活动范围等数据。这些数据可以通过网络传输到后台系统进行分析和可视化展示。智能传感器具有数据准确、实时性强、易于集成等优点,逐渐成为客流分析的主流工具。

然后再根据已采集的数据，估算人流量中潜在的客流量，并进行以下分析。

（1）分析客流类型

一般店铺客流分为三种类型。

自身客流：指那些专门为购买某种商品而来店的顾客形成的客流。这是店铺客流的基础，是店铺销售收入的主要来源。因此，新设店铺选址时，应着眼评估自身客流的大小规模及发展趋势。

分享客流：指一家店铺从邻近店铺形成的客流中获得的客流。这种客流往往产生于经营相互补充类商品的店铺之间，或大店铺与小店铺之间。如经营某类商品的补充商品的店铺，在顾客购买了主商品之后，往往会附带到邻近店铺购买相应的补充商品；又如邻近大型店铺的小店铺，会吸引一部分专程到大店铺购物的顾客，顺便到毗邻的小店铺来。不少小店铺依大店而设，就是利用这种分享客流。

派生客流：指那些顺路购物的顾客形成的客流。这些顾客并非专门来购物。在一些旅游点、交通枢纽、公共场所附近设立的店铺主要利用的就是派生客流。

（2）分析客流目的、流速和滞留时间

不同地区的客流规模虽有可能相同，但其目的、流速、滞留时间会有所不同，要做具体分析，再作出最佳选择。如在一些公共场所、车辆通行干道，客流规模很大，虽然也会顺便或临时购买一些商品，但客流的主要目的不是为了购物，同时客流速度快，滞留时间短。

（3）分析街道两侧的客流规模

同样一条街道，两侧的客流规模在很多情况下由于交通条件、光照条件、公共设施的影响，存在很大差异。另外，人们骑车、步行或驾车均靠右行，往往习惯光顾行驶方向一侧的店铺。鉴于此，开设地点应尽可能选择在客流较多的那侧街道。

需要注意的是，并非所有的人流量都是有效的消费群体，而且人流量大的好地段，往往意味着高租金，对于初次创业没有什么经验的普通创业者来说，风险相对较大，搞不好只能替房东赚房租，所以应该谨慎一点。

而且，有的地方虽然人流量较大，但店铺所处的位置不好，也容易失去销售的机会。比如，零售店的选址千万不要选择路面坡度很大或者楼层比较高的地方，太高了增加顾客进店的难度。再比如，过堂店看起来人来人往，但很少引起顾客的注意，而且来来去去的行人太多，不仅影响了正常顾客的选购，还容易造成商品的丢失。

实际上，并不是每种行业都必须在黄金地段设店。店址的选择与营业内容、诉求和客源息息相关，各行业都有不同的特性、不同的经营手法，黄金地段并不是唯一的选择。如果是别具特色的精品店、手工艺品店，或者风格雅致的小餐厅、咖啡店，只要用心经营，打出了名号，也不必过于在乎地点，靠着有心人士与老顾客的口碑相传，即使并非位于闹市，也不乏"寻幽访胜"的雅客眷顾，因为他们爱的正是这一份幽静。

综上所述，店铺选址时的客流分析是一项综合性的工作，弄清其中的逻辑，有助于创业者做出更明智的选址决策。在选址过程中，要充分考虑各种因素，并结合自身的经营目标和资源，选择最适合的店铺位置。

◎店铺的外观是吸引顾客的第一逻辑

店铺的外观是顾客与店铺首次接触的重要元素，是引起顾客兴趣、提升店铺销售额至关重要的一环。

在竞争激烈的商业环境中，店铺的外观设计往往是吸引顾客的第一逻辑。好的外观设计能够增加店铺的曝光度，塑造出与竞争者的差异，提升品牌形象，进而吸引顾客的眼球并引起他们的兴趣，还在无形中影响顾客的消费心理和消费行为。因此，对于任何一个店铺来说，其外观设计的重要性不容忽视。

那么,如何进行店铺外观设计呢?以下几点是需要考虑的。

(1)明确店铺的定位和品牌形象

店铺的定位和品牌形象是外观设计的出发点和基础。设计前需要分析店铺的经营范围、目标客户群以及品牌特色,以确保外观设计能够准确地传达出店铺的核心理念和价值观。例如,一家经营高端时尚品牌的店铺,外观设计应该注重时尚感、精致感和品质感;如果是一家亲民的餐饮店,那么外观设计应该注重温馨、舒适和易于接近的感觉。

(2)力求形成独特风格

随着市场竞争的加剧,同质化现象日益严重,因此,具有独特风格的外观设计更容易脱颖而出。设计店面时,风格最好与周围商业设施环境相区别,向路人显示一种特殊形象。例如,有些专售古董、玉器、字画的店铺将中国古老的民族建筑风格糅合到现代建筑形式中去,体现出悠久的历史风貌,与其所售商品相映生辉。有些儿童用品店铺门面用一些卡通形象来装饰,以吸引小朋友的注意和好感。

(3)要有较高的能见度

店铺外观的能见度,是指步行或驾车的人能清晰看到店铺外观标志的程度。能见度好的店铺外观,可以使路人在较远距离的不同方向都能清晰辨认;能见度差,即在较远的距离,有时甚至在近处都不易看清店铺标志,不仅给消费者带来不便,同时也影响店铺商品的销量。一般来说,能见度的提高主要靠构成要素的独特性和鲜明性,如独特的建筑外形、鲜明的招牌、光彩夺目的照明装置、宽敞的店铺入口、诱人的橱窗等均能吸引路人的视线,形成深刻的印象。

(4)注重实用性和人性化

实用性是指设计要考虑外观设计的预算和后期的维护成本。例如,选择耐用性、易清洁的材质,避免过于复杂的装饰元素,以减少维修成本和时间成本。人性化则是指设计要充分考虑顾客的需求和体验,如果可能,为顾客提供便利的停车设施和畅通的通道、舒适的休息区及清晰的导视系统等。

（5）注重细节的处理

细节决定成败，对于店铺外观设计来说也是如此。设计店铺外观需要在每一个细节上做到精益求精，从门头的字体大小、颜色搭配，到灯光和装饰物的选择，都需要仔细考虑和推敲，让整个外观设计更加完美、精致。

综上所述，进行店铺外观设计需要从多个方面进行综合考虑，打造出一个既美观又实用的店铺外观，为店铺的长期发展奠定坚实基础。

◎做好店内布局，提升购物体验

> 通过精心设计店内布局，可以提升顾客的购物体验，从而留住老顾客，吸引更多的新顾客。

随着现代零售业的蓬勃发展，消费者对于购物体验的要求日益提高。而店内布局作为营造购物环境的底层逻辑和关键因素，对于提升购物体验起着至关重要的作用。通过精心设计和合理规划店内布局，可以创造一个舒适、便捷、愉悦的购物空间，从而满足顾客的需求，提高顾客的满意度和忠诚度。

（1）注意店铺的橱窗设计

橱窗是以商品为主体，通过背景衬托，并配合各种艺术效果，进行商品介绍和宣传的综合性艺术形式。一个主题鲜明、风格独特、色调和谐的店铺橱窗，能起到改善店铺整体形象、提升顾客购物体验的作用。橱窗设计的成功与否，往往取决于几个核心要素的合理运用。首先是空间规划，让商品摆放有序、层次分明。其次是色彩搭配，以便迅速抓住顾客的眼球，传递出品牌的风格和定位。再次是通过灯光照明，突出商品的质感，营造出温馨、舒适的购物氛围。最后，要有一个富有创意的主题，以引发顾客的好奇心。

（2）合理规划空间布局

对于小商铺而言，通常面积有限，空间紧凑，因此在做店内布局时，要合理利用墙面和角落空间，设置多层货架，提高空间利用率，增加商品的展示面积。但要确保通道的畅通无阻。顾客在店内行走时，需要有足够的空间来浏览商品、挑选商品和结账。因此，创业者应合理规划通道宽度，避免过于狭窄或拥挤，影响顾客的购物体验。

（3）突出商品特色与陈列技巧

商品的陈列方式直接影响着顾客的购买欲望。创业者应根据商品的特性和顾客的常规购物习惯，采用合适的陈列技巧，突出商品特色。首先要按照商品分类进行陈列，方便顾客查找和比较，将热销商品或新品放在显眼的位置，吸引顾客的关注；把有连带性的商品种类邻近设置，互相衔接，为顾客提供购买与选择商品的便利。其次要注重商品的视觉效果。利用色彩、灯光和陈列道具等元素，打造出美观、整洁、有序的陈列效果。例如，可以运用对比色或渐变色来突出商品的色彩特点，利用柔和的灯光来营造舒适的购物氛围。

（4）营造舒适的购物环境

除了商品的陈列，购物环境的舒适度也是影响顾客购物体验的重要因素。小商铺虽然空间有限，但同样需要注重环境的营造。一是要保持店内的清洁和空气清新，定期清理灰尘、垃圾和杂物，及时整理货架和陈列区，确保商品摆放整齐。二是要调节好店内的温度和光线，还可以在店内播放轻松愉悦的音乐，增加顾客的购物愉悦感。当然，提供热情周到的服务更是营造舒适购物环境的关键。

（5）注重个性化与创意元素

创业者可以根据店铺的定位和特色，选择独特的装修风格和色彩搭配。例如，可以运用独特的墙面装饰、地面材料或照明设备，打造出独特的视觉效果。同时，还可以引入一些创意元素，如DIY手工制品、特色小饰品等，增加店铺的趣味性和吸引力。

（6）要能使顾客分散开来

创业者应根据店铺规模、交易次数及季节变化和业务规律，合理分配商品摆放位置，以便使顾客进入店铺后，能大致平均分散开来，避免忙闲不均的现象。

当然了，随着科技的发展，店铺内的布局和设计也需要与时俱进。例如，如果条件允许，可以利用虚拟现实和增强现实技术，为顾客提供更加沉浸式的购物体验；或者通过智能传感器和数据分析，收集顾客的购物习惯和喜好，为他们推荐更符合需求的商品。这些新技术的应用不仅可以提升店铺的竞争力，还可以为顾客带来更加便捷和愉悦的购物体验。

第八章 电商逻辑：借助网络平台，让每次点击都成为你财富的源泉

随着网络技术的发展和网民数量的增加，电商已成为普通人赚钱的重要领域。电商世界，机会无处不在，而且无须豪华的办公室，也无须在闹市租赁铺面，只需一台电脑、一部手机，便能以较低的初始投资成本，开启你的赚钱之旅。

◎ 电商创业是普通人的绝佳选择

做电商,是普通人最具性价比、最容易翻身、最有前景的创业选择之一。

在数字经济飞速发展的今天,电商创业已成为普通人实现自身价值和创造财富的绝佳选择。相比传统的实体创业方式,电商创业具有诸多优势,为普通人提供了清晰且切实可行的赚钱逻辑。

（1）门槛低

电商创业的优势之一在于其门槛低。开个实体店,通常都得十万八万元的启动资金,还得一定的人脉捧场,电商创业无须支付高昂的店铺租金和装修费用,也不看文凭、不要人脉,只要肯干、肯学,有个两三万元周转资金,就可以在互联网平台上注册开店。

（2）覆盖广

整个市场需求,从人类到动植物、从职场到生活等,吃喝拉撒、吹拉弹唱,应有尽有。而且,网上开店也不受地域限制,只要有网络,就可以将产品覆盖到全国各地乃至全球,扩大了客户群体,增加了销售机会。这种广阔的市场覆盖范围为创业者带来了更多的商业机会。

（3）灵活性

电商创业具有高度的灵活性。创业者可以根据自己的兴趣、专长和市场需求,灵活选择经营的产品和模式,无论是全职还是兼职,都可以根据个人的时间和精力来调整。这种灵活性使得电商创业成为许多普通人的首选。

（4）潜力大

电子商务是一个具有巨大潜力的行业。随着互联网的普及和人们购物习惯的改变，越来越多的人开始选择在网上购物。从日常用品到奢侈品，从实物商品到虚拟服务，电商市场呈现出爆发式增长。这些都为电商创业者提供了广阔的创业空间和发展前景。

（5）商机多

电商创业孕育着众多商机。例如，通过精准的市场定位和产品选择，可以在细分市场中脱颖而出；通过优化供应链和降低成本，可以提高产品竞争力；通过创新营销手段和推广策略，可以吸引更多消费者。

（6）效率高

电商平台提供了丰富的营销和推广工具、数据分析工具，此类数据驱动的决策能够提高运营效率和客户满意度。创业者也可以运用大数据、人工智能等先进技术，根据市场需求和消费者喜好，快速调整经营策略和产品线，高效率地进行精准营销和个性化服务。

（7）便捷性

电商平台通常提供一系列便捷的工具和服务，包括店铺搭建、支付结算、物流配送等，为创业者提供了便捷的经营环境。同时，创业者还可以通过各种线上渠道，便捷地获取丰富的行业知识、经验分享和培训资源，不断提升自己的经营能力。

（8）可扩展性

创业者可以根据市场需求和自身资源，灵活调整产品种类和经营策略；随着业务的发展，还可以方便地扩大规模，增加产品线，进入新的市场领域。这种可扩展性使创业者能够更好地适应市场变化，抓住商机。

同时，通过与电商平台的合作，传统行业可以拓展线上销售渠道，提高销售效率和市场份额。这种跨界融合不仅有助于传统行业的转型升级，也为电商创业者提供了更多的合作机会、商业模式扩展和创新的可能性。

◎如何选择适合自己的电商平台

一个合适的电商平台可以为你的网店提供更多的机会和优势,帮助你实现财富梦想。

随着互联网技术的不断发展和普及,越来越多的人选择开设网店,将其作为副业或创业的新途径。对于经济条件有限的普通人来说,开网店成了一个低门槛、低成本的创业选择。然而,面对市场上各种电商平台,用什么样的逻辑来选择适合自己的平台呢?

(1)平台的费用和相关成本

对于普通人来说,资金是一个重要的考虑因素。不同的电商平台收费标准各异,包括入驻费、保证金、佣金、年费、技术服务费、广告推广费等。要仔细研究各个平台的费用结构,关注平台是否提供免费的店铺装修模板、营销工具等。一些平台可能会提供免费入驻或较低的佣金比例,且能够提供基本服务,这对于创业初期资金紧张的创业者来说是具有吸引力的。同时,也要了解平台的物流合作方式,选择性价比高的物流渠道,进一步降低成本。

(2)平台的知名度和流量

知名的电商平台通常拥有庞大的用户群体和高流量,这就像某个城市的闹市区一样,有助于提高店铺的曝光度和潜在客户的数量,可以让你的商品更容易被消费者发现。

(3)平台的口碑和信誉

关注平台的口碑和信誉,确保平台具备可靠的安全措施,以保护用户的信息和交易安全。这可以通过查看用户评价、了解平台的经营历史及查看相关新闻报道等方式进行。一个具有良好口碑和信誉的平台，往往能够提供更稳定、可靠的服务，降低商家的经营风险。

（4）平台提供的功能和工具

电商平台的功能与工具直接影响到商家的经营效率和用户体验。在选择平台时，应关注以下方面。

商品展示与推广：平台是否提供丰富的商品展示方式，如详情页定制、视频展示等；是否提供有效的推广工具，如搜索引擎优化、广告投放、优惠券、拼团、秒杀等为商家引流，以及平台内部的流量分配机制是否公平合理。

交易与支付：平台是否提供安全、便捷的交易和支付系统，以保障买卖双方的权益；是否支持多种支付方式，以满足不同用户的支付需求。

数据分析与运营支持：平台是否提供详细的数据分析工具，帮助商家了解用户行为和市场趋势；是否提供运营支持和培训，帮助新手提升运营能力。

（5）平台服务保障与售后支持

一个好的电商平台应该能够提供完善的物流解决方案，以降低商家的物流成本；能够提供完善的客服体系和技术支持，确保商家在遇到问题时能够得到及时有效的解决；能够提供优质的售后服务，如退换货政策、质量保证等，以提升用户满意度和忠诚度。

（6）平台的政策和规定

了解平台对商品品质、售后服务、退款政策等方面的要求，以确保自己能够符合并遵守这些规定。

总之，选择适合自己的电商平台需要综合考虑多个因素，创业者可以制订一个评分表或对比表，将不同平台的优、缺点进行量化比较，并根据自身的经营特点、商品特性及市场需求进行选择。例如，对于注重品牌形象和用户体验的高端商品，可以选择定位高端、用户群体成熟的电商平台；对于追求价格优势和市场份额的大众商品，可以选择用户基数大、商品价格低的电商平台。

◎ 新手开网店，怎样解决货源问题

选择合适的货源能够为网店带来稳定的供货、质优价廉的商品和竞争优势，是网店成功经营的重要前提和保障。

无论开实体店还是开网店，其实说到底，成败的关键往往在货物上面，如果你的店货物质量好、品种新、价格又便宜，生意就比较容易做好；相反，货物质量差，价格又高，供给又没有规律，经常出现断货或延迟发货的情况，很容易使得本来可以走得很顺的经营陷入困境。这个底层逻辑必须重视。

好的货源能够为网店带来更多的竞争优势。在竞争激烈的电商市场中，拥有独特、优质的货源往往能够帮助网店脱颖而出。比如，一些特色商品或独家代理的商品，能够吸引更多消费者的关注和购买。此外，与供应商建立良好的合作关系，也能够为网店争取到更多的优惠和支持，进一步提升网店的竞争力。

对于初次涉足电商领域的新手来说，如何找到可靠、优质且价格合理的货源，是创业成败的关键。市场上存在着大量的供应商，如何从中筛选出适合自己的货源呢？

（1）线上批发网站和平台

通过搜索引擎或电商平台，可以找到大量的线上批发网站和平台，我们可以浏览到各种商品的供应商信息，通过比较价格、质量和服务等因素，选择适合自己的货源。在这个过程中，要区分这些网站或平台是零售兼批发的，还是批发兼零售的。零售兼批发的网站提供的批发价，通常会高于后者所提供的价格。

（2）实体批发市场

实体批发市场通常聚集了大量的供应商和批发商，提供了丰富的商品选择。我们可以亲自到市场考察，与供应商面对面交流，了解商品质量和价格情况。

（3）参加各类展会

通过参加展会，可以直接与供应商面对面交流，了解产品的特点、质量和价格。同时，参加展会还能获取行业的最新信息和趋势，为网店的产品选择提供更多的思路和灵感。

（4）直接与厂家合作

通过联系生产厂家，可以获得更优惠的价格和更稳定的供货，还可以根据市场需求定制产品，提高产品的独特性。然而，与厂家合作需要我们具备一定的谈判能力和市场洞察力，以确保合作顺利进行。

（5）品牌代理与分销

如果你有意向经营某些品牌的产品，可以尝试与品牌方建立代理或分销关系。通过获得品牌授权，网店主可以享受品牌带来的知名度和市场认可度。不过，这种方式通常需要一定的资质和资金实力，且需要遵守品牌方的相关规定和要求。各大专业网站也有批发、代理与分销业务，比如箱包、纺织品等各大类商品基本都有自己的专业网站，比较有针对性，网店主可以详细了解、洽谈。

（6）地方特色产业

中国地大物博，各地都有着独特的特色产业和产品，通常具有独特性和市场竞争力。网店主可以结合自己的地域优势，寻找当地特色产品作为货源。

（7）跨境电商平台

随着全球化的推进，跨境电商也成了许多网店主寻找货源的重要途径。通过跨境电商平台，网店主可以购买到来自世界各地的特色商品。同时，跨境电商平台还提供了便捷的物流和支付服务，降低了国际交易的门槛。不过，需要注意的是，跨境电商涉及关税、汇率等复杂问题，需要具备一定的国际贸易知识和经验。

（8）个人创作与手工制品

这类产品通常具有独特性和个性化特点，能够满足一部分消费者的特殊需求。不过，个人创作与手工制品的产量通常有限，需要网店主确保供货者在保持产品质量的同时，合理规划生产进度和库存。

在寻找货源的过程中，网店主需要综合考虑产品质量、价格、供货能力等多个因素。同时，要与供应商建立良好的合作关系，确保货源的稳定性和可持续性。不过，除了主要供应商外，建议网店主适当与其他供应商建立联系，避免单一货源带来的风险。此外，还需要关注行业动态和消费者的反馈，对货源进行盘点、优化和调整。

◎深入调研，找到质量上乘的热销产品

> 开网店就要卖爆款。我们应该在跟风与创新之间找到平衡，既要抓住短期机遇，也要注重长远发展。

如今，电商市场竞争也颇为激烈，想要让自己的网店脱颖而出，就必须深入调研，找到质量上乘的热销产品。这是开网店赚钱的一个重要的底层逻辑。

热销产品，又称为爆款产品，顾名思义，是指那些在市场上销量极高、深受消费者喜爱的产品。它们往往具有独特的卖点、广泛的市场需求和良好的口碑。对于网店来说，热销产品的重要性不言而喻。它不仅能够带来大量的流量和订单，提升网店的知名度和品牌形象，还能够吸引消费者进入店铺后浏览其他产品，进而带动其他产品的销售。通过合理的产品搭配和促销策略，网店可以将热销产品的流量转化为其他产品的销售机会，实现整体销售额的提升。

在寻找热销产品时，可以适当跟风。经过市场的检验和消费者的口碑传播，热销产品往往已经建立了良好的品牌形象和口碑。对于新入行的网店经营者来说，选择热销产品可以借助已有的市场认可度，降低推广和营

销的难度，确保店铺的流量和销量。

跟风卖热销产品或许是一种有效的短期策略，但是盲目跟风也容易导致同质化竞争。这不仅可能导致价格战和利润空间的压缩，还可能让消费者陷入选择困境，降低购买意愿。另一方面，热销产品的市场波动较大。一旦市场需求发生变化或者新的竞品出现，热销产品的销量可能迅速下滑。对于跟风卖热销产品的网店来说，如果不能及时调整策略或寻找新的增长点，可能会面临库存积压和销量锐减的风险。

比较稳妥的办法，是进行深入的市场调研，选择具有热销潜力的产品，打造出自己的爆款。通过调研，我们可以了解目标市场的需求和趋势，掌握竞争对手的情况，进而找到受欢迎且质量上乘的产品。

在进行市场调研时，可以采用多种方法。例如，根据已热销的商品进行合理推演，然后进行调查论证；利用互联网搜索相关数据和报告，了解行业的发展动态；参与线上论坛和社区，与其他卖家和消费者交流，获取实用的建议和经验；关注社交媒体平台上的热门话题和趋势，捕捉潜在的商机。

为了确保调研工作的顺利进行，我们需要制订详细的调研计划，包括确定调研目标、选择调研方法、安排调研时间等。然后，对收集到的数据进行整理、分析和解读。通过数据分析，我们可以更全面地了解市场和消费者，为找到热销产品提供有力支持。

在深入市场调研的基础上，选择具有潜力的产品作为候选。这些产品应该卖点独特、需求广泛、性价比较高。同时，还需要确保选择的产品质量可靠，以避免售后问题，并考虑产品的供应链和库存情况，确保能够稳定供应并满足市场需求。

找到候选的热销产品之后，要做好以下工作。

（1）优化产品详情页和图片

先小规模推出新产品，观察市场反应，及时调整策略。推出时要精心设计产品详情页，突出产品的卖点和优势，同时提供清晰、美观的产品图片和视频，以吸引消费者的眼球，提高产品的点击率和转化率。

（2）制订合理的价格策略

要根据产品的成本、市场需求和竞争情况制订合理的价格策略，既要保证产品的利润空间，又要考虑消费者的购买能力和心理预期。

（3）推广和销售产品

网店经营者可以通过微博、微信、抖音、快手等社交媒体平台发布产品信息和优惠活动，吸引潜在消费者的关注。同时，还可以利用搜索引擎和电商平台的广告投放功能，提高产品的曝光率和点击率。网店经营者还可以举办限时折扣、满减优惠、买赠等促销活动，吸引消费者购买产品。此外，可以适时开展会员制度、积分兑换等营销活动，增加消费者的黏性和忠诚度。

（4）有条件时可进行直播

如果条件具备，可以对热销商品或有潜力热销的商品进行展示、推广和销售。如果经济允许，可以聘请知名或经验丰富的主播，吸引观众并有效推广产品；如果财力暂不允许，而自己有一定的直播经验或信心的话，可以亲自出镜。

直播前，要做好一些准备。比如，根据产品特点和受众需求，策划直播内容，编写直播脚本，包括产品介绍、使用演示、互动环节等；准备好必要的直播设备，如摄像头、麦克风、灯光等；直播环境要搭建好，确保背景整洁、美观，光线充足，展示出专业的形象；提前设置好购买链接，方便观众直接下单购买。直播前，可通过社交媒体、电子邮件、短信等方式进行预告和推广，吸引更多观众关注。直播时，要按照预定的时间和内容进行，保持积极、专业的态度，及时回答观众的问题，进行限时抽奖、优惠等互动活动，提高直播的参与度和购买转化率。直播后，要及时跟进，对直播效果进行评估，包括观看人数、互动情况、销售额等，根据评估结果，调整以后的直播策略和内容，优化直播效果。

（5）关注产品质量与客户服务

无论选择何种热销产品，也无论采取普通销售方式还是直播方式，网店经营者都需要关注产品质量和售后服务。优质的产品能够赢得消费者的信任和好评，提高网店的口碑和复购率；而完善的客户服务则能通过售前咨询、售后服务和物流配送等环节的优化，解决消费者的疑虑和问题，提高客户满意度、忠诚度和口碑传播效应，进一步推动销售量的提升。

第九章 自媒体逻辑：掌握有效『涨粉』密码，让多种变现方式共同发力

在当今自媒体时代，每个人都有机会成为自己的导演，书写属于自己的传奇。做自媒体，"涨粉"是关键，粉丝是自媒体的生命力，是流量的基础，更是变现的核心。当你拥有了大量忠实粉丝，多种变现方式便能共同发力，让你实现财富梦想。

◎做自媒体，要从自身的优势和兴趣出发

通过分析自身优势与兴趣，确定自媒体的领域和定位，是自媒体人成功的重要前提。

什么是自媒体？它是指平民化、自主化的传播者，以现代化、信息化手段传递信息的新媒体总称。

自媒体和电商不同。电商就是卖商品的，除了商品几乎没有其他内容。而自媒体的主体是内容，而不是商品。其内容可以包括文字、图片、视频等多种形式，目的是吸引粉丝，然后再通过某些方式实现变现。

现如今自媒体发展迅猛，威力不可小觑。一些普通人一夜之间即可成为网红，传遍大江南北、大街小巷，他们的命运也由此改变，体现出了自媒体的巨大威力和潜力。

要在众多的自媒体中脱颖而出，就必须从自身的优势和兴趣出发，以确定适合自己的自媒体领域和定位。这是普通人通过自媒体赚钱的一个基本的底层逻辑。

（1）分析自身的优势

每个人的成长背景、教育经历、工作经验等都有所不同，这些差异使得每个人在知识、技能、见解、经验等方面都拥有独特的优势。在自媒体领域，这些优势可以成为我们涨粉的核心竞争力。

例如，如果你拥有医学、法律、绘画、摄影、音乐、舞蹈等专业知识和技能，那么你可以在这些领域进行深入挖掘，为粉丝提供有价值的内容，这种专业性强的自媒体内容往往具有较高的价值，能够吸引特定领域的群体。如果你在某个领域有丰富的经验或独特的见解，比如分享自己的

职场感悟、育儿方法、炒股策略等，这些真实、接地气的内容往往能够拉近与粉丝的距离，让他们感受到你的真诚和热情。

（2）挖掘自身的兴趣

兴趣是最好的老师，它能够激发我们的热情和创造力，让我们在自媒体领域持续投入热情和精力，也更容易在这个领域取得成就。因此，挖掘自身兴趣，找到与之相契合的自媒体领域，对于自媒体发展至关重要。

例如，如果你对科技、艺术、历史等特定领域有浓厚的兴趣，那么你可以关注最新的科技动态、探索艺术作品的内涵、挖掘历史事件的真相，将这些知识和见解以生动有趣的方式呈现给粉丝。如果你热爱旅行，那么你可以分享你的旅行经历、目的地介绍、旅行攻略等，与粉丝一起探索世界的美丽和奇妙。如果你喜欢美食，你可以成为一名美食博主，分享各种美食的制作方法和品尝体验。

在分析了自身优势与兴趣之后，我们就可以开始确定自媒体的领域和定位了。领域是指自媒体内容所涉及的主题范围，定位则是指自媒体在读者心中的形象和地位。

首先，要根据自身的优势和兴趣选择合适的领域。这个领域应该是你熟悉的、擅长的，并且具有一定的市场需求和潜力。在选择领域的过程中，还要考虑领域内的竞争情况，避免过于激烈的竞争导致难以立足。

其次，要明确自媒体的定位。定位应该包括目标群体、内容风格、传播渠道等方面。目标群体是自媒体内容的主要受众，我们需要了解他们的年龄、性别、职业、兴趣等特征，以便为他们提供有针对性的内容。传播渠道是自媒体内容触达读者的途径，下一节我们专门讲述怎样选择合适的渠道进行传播。

另外，随着自媒体的发展和市场环境的变化，自媒体领域日新月异，新的技术和玩法不断涌现，我们需要保持学习的态度，并关注粉丝的需求和反馈，不断调整和优化自己的内容，提升自己的专业素养和创作能力，尝试新的创作方式和传播渠道，以保持自媒体的竞争力和生命力。

◎在众多的传播渠道中选择合适的平台

利用多个平台,而不是在单一的平台上"吊"着,这是普通人通过自媒体赚钱的一个重要的底层逻辑。

自媒体传播渠道多种多样,每种渠道都有其独特的用户群体、内容形式和传播机制。面对众多的传播渠道,选择平台的逻辑是什么呢?自媒体人要根据自己能够提供的内容类型选择合适的平台。

(1)文字类自媒体

对于以文字为主要表现形式的自媒体,可以选择如微信公众号、今日头条、知乎、豆瓣、百家号、搜狐号、微博、网易号、简书、美篇等平台进行传播。这些平台拥有大量对知识型内容感兴趣的用户,但各平台也具有不同的特点和优势,可以根据自己的兴趣、目标受众和内容风格进行选择。

(2)图片类自媒体

图片类自媒体,如摄影作品、设计作品等,可以选择在小红书、微博、图虫、花瓣、视觉中国、站酷、蜂鸟网、Ins、500px、POCO摄影、LOFTER等图片分享平台进行传播。这些平台以图片为主要内容形式,用户群体对图片内容有较高的兴趣和审美需求,适合展示图片类自媒体作品。

(3)视频类自媒体

视频类自媒体,如短视频、直播等,可以选择在抖音、快手、B站、西瓜视频、腾讯视频、优酷视频、爱奇艺、You-Tube、微博视频、小红书视频、火山小视频、秒拍等平台进行传播。这些平台以视频为主要内容形式,用户活跃度高,且拥有完善的推荐算法,有利于视频内容的广泛传播和精准推送。

（4）音频类自媒体

音频类自媒体，如播客、有声书等，可以选择在喜马拉雅、蜻蜓FM、荔枝FM、企鹅FM、猫耳FM、懒人听书、得到等音频平台进行传播。这些平台以音频为主要内容形式，用户群体对音频内容有较高需求，且平台提供了丰富的音频制作和推广工具，有助于音频内容的传播和变现。

（5）综合性自媒体

上面提到的平台，有些是综合性的自媒体平台，可以帮助自媒体人创作、发布和推广多样化的内容。例如微信公众号、微博、B站、新浪看点号、网易号、一点号、头条号、百家号、大鱼号、企鹅号等，这些平台都提供了丰富的自媒体功能。

除了平台内容的功能和特点之外，选择自媒体平台还要考虑以下因素。

一是了解目标受众。不同的受众群体在平台使用习惯和偏好上存在差异。例如，年轻人更倾向于使用短视频平台，而某些专业领域的受众可能更关注专业平台或社群。

二是评估流量和竞争状况。一些知名的平台拥有庞大的用户基础和高流量，可以提供更广泛的曝光机会。然而，一些热门平台往往拥有大量的自媒体创作者，竞争相对激烈。因此，在选择平台时需要权衡利弊。

三是了解平台的推广和变现机制。平台提供的推广工具和资源如何？对于内容创作者的支持程度如何？是否有机会通过广告投放、付费会员等方式实现商业变现？这些也是选择平台时需要考虑的因素。

最后，尝试多个平台并进行评估。对于普通人来说，不要局限于一个平台，尤其是在开始时，可以尝试在多个平台上发布内容，定期评估各渠道的效果，根据实际情况进行调整。在时机成熟时，可以尝试整合不同平台的资源，实现内容的跨平台传播。

◎精心策划，创作出优质的自媒体内容

无论是广告合作、品牌代言，还是知识付费，都需要以优质内容为基础，才能够实现商业变现。

想要在自媒体领域有效涨粉，内容创作无疑是核心要素。在信息爆炸的时代，用户面临着众多的选择，只有那些有用、有深度、有趣的内容才能赢得用户的青睐，从而增加转发和关注的概率。

优质的内容能够引起粉丝的共鸣，激发他们的兴趣和好奇心，从而增加粉丝的黏性和活跃度。粉丝黏性的提高，意味着粉丝对自媒体从业者的认同度和忠诚度增强，更愿意为他们的内容付费或参与相关活动。

可见，自媒体赚钱的底层逻辑是通过持续输出优质的内容，吸引更多的粉丝，提升自媒体账号的影响力和知名度，逐渐建立起自己的品牌形象，进而带来商业价值。

内容创作是自媒体从业者吸引粉丝的核心手段。优质自媒体内容有如下特征。

原创性：原创内容不仅能够体现创作者的独特视角和思想，还能够避免侵权纠纷。

实用性：自媒体内容应该能够为用户提供有价值的知识、信息和帮助。

深度性：优质内容应该能够深入挖掘话题背后的深层次含义，让用户有更深入的了解和认识。

趣味性：轻松愉快的语言、生动形象的描绘，能够引起用户的兴趣。

真实性：保持内容的真实性，避免虚假宣传，以赢得受众的信任和

认可。

时效性：自媒体时代信息更新迅速，受众对于新鲜的内容更感兴趣。

一致性：无论是风格、主题还是发布频率，保持一致性有利于建立起观众的信任和忠诚度。

互动性：自媒体内容应该能够引发用户的讨论和互动，从而增加用户的参与度和黏性。

优质的内容不是天上掉下来的，而需要精心的策划。策划自媒体内容，不仅涉及内容的选择与呈现，更关乎有效涨粉、传递核心价值观及实现自媒体的可持续发展。

（1）明确内容定位

在策划之初，创作者需要明确自己的自媒体账号定位，包括目标受众、内容领域和风格特点等。结合自己擅长或感兴趣的领域，通过深入了解目标受众的需求和喜好，创作者可以更有针对性地策划内容，确保内容与受众的兴趣和需求相契合。

这一点很重要，所以还要多说几句。刚开始玩自媒体的人往往内容定位不明确，发布的内容比较杂乱，有时候写美容健身，有时候追热点，有时候说男女关系。内容是自媒体账号的独特性和识别度所在，我们应该根据自己的特长和兴趣专注聊同一领域的话题，形成独特的风格，持续输出，那么不仅会让你深耕该领域，你的作品也会被后台数据计算后推荐得比较稳定，同时也会让粉丝更清楚你的内容定位，加深印象，这样才能有效涨粉，后续变现能力也更强。很多爆红的大咖，他们都是把话题尽可能地浓缩到一块小小的领域，精准地进行内容创作。

（2）制订选题策略

在策划选题时，创作者需要根据自己的优势和兴趣，关注热点话题、行业动态和受众需求，从中挖掘有价值的内容。同时，还应注重选题的多样性和创新性，避免内容重复和单调。

（3）内容形式的创新

除了传统的文字、图片等内容形式，可以尝试使用音频、短视频、直播等多媒体形式来呈现内容。此外，创作者还可以结合时下流行的元素，如虚拟现实、增强现实等，打造独具特色的内容形式，提升内容的传播效果。

（4）强化受众互动

在策划内容时，创作者可以通过设置话题讨论、开展互动活动等方式，引导受众参与互动，并积极回应评论和留言，与受众建立良好的互动关系。通过强化受众互动，进而优化内容策划，同时还可以拉近与受众的距离，有效涨粉的同时也提升了自媒体账号的活跃度和影响力。

（5）数据分析与策略调整

在创作过程中，数据分析是非常重要的一环。通过对粉丝行为、内容表现等数据进行深入分析，可以了解粉丝的喜好和需求，评估内容策略的有效性，从而调整和优化策略。例如，我们可以分析粉丝的活跃时间、兴趣点等信息，制订更具针对性的发布计划；同时，根据内容的阅读量、点赞量、评论量、转发量等数据，调整内容类型和风格，以更好地满足粉丝的需求。

自媒体内容的策划需要从多个方面下功夫，在未来的自媒体领域竞争中，只有不断策划出优质内容，才能提升影响力和传播效果，实现自媒体账号的可持续发展。

◎掌握自媒体直播的方法和步骤

规律的直播时间和时长，有利于培养观众习惯，增强粉丝黏性，还有助于平台更好地进行流量调配。

直播具有实时性、互动性和传播性强的特点，能够迅速吸引观众，实时互动，解答疑问，分享经验。这有助于增强用户黏性，建立稳定的粉丝群体，扩大内容传播范围，提高内容的影响力和覆盖面，为自媒体的长远发展奠定基础。

那么，普通自媒体人如何做直播呢？

（1）清楚与电商直播的区别

想做自媒体直播，先要搞清楚它与电商直播的底层逻辑的区别。电商直播是直接卖货、展示和营销，而自媒体直播则更多的是展示个人的才艺、经验和生活，展现个性和创造力，与观众进行互动交流。就算你想通过自媒体直播带货，也要首先让观众认可你，因为自媒体讲究的是人设，粉丝是冲着人下单的，而不是单纯冲着货，买货到哪儿都能买，没必要非要到你这儿下单。电商直播是冲着货来的，同等价格比质量，同等质量比价格。

（2）明确直播主题

明白了自媒体直播与电商直播的底层逻辑不同，才能对自媒体直播的主题足够重视。一个清晰的主题能够吸引特定的观众群体，并为直播内容提供方向。选择一个你熟悉或感兴趣的领域作为主题，确保你能够提供有价值的信息和内容。

（3）策划优质内容

内容是自媒体直播的核心，内容优质才能吸引观众的关注，有效涨粉。在策划直播内容时，根据直播主题和定位，尽量做到选题新颖、内容实用、观赏性强、情感真挚。为了吸引观众的参与和关注，可以设计话题讨论、互动游戏、知识分享等环节。

（4）制订直播计划

制订直播计划是确保直播活动顺利进行并取得预期效果的关键步骤。直播计划应包括：确定直播时间、时长和节奏；列出每个环节的内容和时间安排，保持直播的流畅性和趣味性；设定直播的目标，如增加粉丝、提高品牌知名度或销售产品。

（5）准备直播设备和环境

良好的设备是提供高质量直播的基础。以下是一些必要的设备：高清摄像头、性能不错的手机、三脚架或稳定器、麦克风、稳定的网络、照明设备、提词器等。此外，还要确保直播环境的整洁、安静，避免背景杂乱或噪音等干扰因素。

（6）提前宣传直播

在直播开始前，要进行适当的宣传和推广，以吸引更多的观众。可以利用社交媒体、朋友圈、群组等渠道，提前发布直播预告，告知直播的主题和时间等关键信息。同时，可以邀请亲友、粉丝或合作伙伴进行转发和推广，扩大直播的受众范围。

（7）正式开启直播

在直播过程中，要保持良好的姿态和形象，清晰、准确、流畅地表达观点和信息，与观众进行实时互动。可以通过弹幕、评论等方式与观众交流，回答他们的提问，增加观众的参与感。同时，要注意按计划控制直播的节奏，避免拖延或过早结束。

（8）直播后总结和优化

直播结束后，要及时发布直播回放，供未能观看直播的观众观看，或剪辑精彩片段，发布到其他平台，进一步扩大直播的影响力。然后要回顾直播过程中的亮点和不足，分析观众反馈，以便在后续的直播中不断改进和优化直播内容。同时，要关注其他优秀自媒体直播的案例，学习他们的经验和技巧，提升自己的直播水平。

第十章 投资逻辑：从赚钱到玩钱，通过合理的资产配置实现财富的增值

资产的配置不同，结果往往会大相径庭。这背后的底层逻辑，犹如田忌赛马的故事，又像石墨与金刚石的物理现象，不同的排列和结构，其效果和价值有着天壤之别。投资理财的精髓在于，把手中的钱进行结构重组，从而产生神奇的增值效果。

◎从资产配置的角度看待投资理财

> 搭建一个稳健的投资理财体系,既不要过于激进,一味追求高收益,也不必太过保守,白白浪费用钱生钱的机会。

随着经济的发展和金融市场的不断成熟,越来越多的人开始尝试通过投资理财来赚钱。然而,如何使资产在安全的前提下实现增值,其背后的逻辑是什么,却是许多投资者面临的难题。从资产配置的角度来看待投资理财,或许能为我们提供一种更加清晰和理性的投资方式。

资产配置是指投资者根据自身的风险承受能力、投资目标和市场环境,将资金分配到不同的资产类别中,以实现风险和收益的平衡。资产类别通常包括现金、债券、基金、股票、房地产、商品等。通过配置不同风险和收益特征的资产,并根据主、客观情况调整和优化投资组合,投资者可以在不同的市场环境下保持稳定的收益,实现财富的长期稳步增值。

资产配置避免了将所有鸡蛋放在一个篮子里的风险,使我们能够在市场波动中保持冷静和信心。不同的投资者具有不同的风险偏好和财务目标,通过合理配置资产,根据个人情况定制投资组合,可以满足特定的需求。对于风险承受能力较低者,可以增加现金类和固定收益类资产的比例;而对于追求更高回报的投资者,可以适当增加股票、基金等资产的配置。

资产配置还能够适应不同的市场环境。市场状况时常变化,单一资产可能在某些时期表现出色,而在其他时期表现不佳。通过合理调整资产配置,投资者可以在不同市场阶段获取收益。例如,在经济增长时期,股票、基金可能表现强劲,而在经济衰退期间,债券则能降低风险并提供相对稳定的回报。

◀ 第十章 投资逻辑：从赚钱到玩钱，通过合理的资产配置实现财富的增值 ▶

从资产配置的角度做投资理财，最重要的是搭建一个稳健的投资理财体系。在搭建过程中，我们可以借鉴足球场上的角色分工，把前锋、中场、后卫和守门员的思维融入其中，从而构建出一个稳健而富有弹性的体系。

前锋的核心目标就是进球，在资产配置中代表着高收益的投资品，虽然风险比较高，但如果我们愿意舍弃一部分安全感，合理配置这类产品，如股票类资产、大宗商品等，一旦有机会获得爆发式的收益，对于财富的贡献就是巨大的。不过，对于普通人而言，这类投资品最好控制在总资产的 20% 以内，如果投入过多，很容易影响心态。

中场球员在足球场上是连接前后场的枢纽，他们既要参与进攻，又要承担防守任务。在资产配置中，我们可以通过配置一些风险不太高，收益又不会太差的资产，如遇良机，还会给财富带来较大增长。中场类型的投资品可以是蓝筹股、股票类基金、混合类基金、指数类基金、转债等，可分配较大比例的资金。

后卫球员在足球场上主要负责防守，在资产配置中对应的是风险控制和资产保值类的品种。这可以通过配置一些低风险的资产来实现，如债券、债券类基金、黄金、房地产、保守型理财产品、理财型保险等。后卫资产能够在市场波动时提供稳定的支撑，保护投资组合免受重大损失。

守门员是球队的最后一道防线，在资产配置中对应的是兜底资产，如现金、银行存款、国债逆回购、货币基金等。

在搭建投资理财体系时，我们要建立有效的风险管理机制，确保投资组合的安全，包括设定止损点、分散投资及定期评估和调整投资组合等。

资产配置方案需要根据自身的风险承受能力、投资目标、收入状况和市场环境来制订。例如，风险承受能力较高的投资者，可以适当增加前锋和中场资产的配置比例，以追求更高的收益；而对于风险承受能力较低的投资者，则应更加注重后卫和守门员资产的配置，以确保资产的安全和保值。同时，我们还需要根据市场的走势和趋势来调整投资组合的结构，以保持其适应性和灵活性。

◎普通人如何通过投资股票赚钱

> 想挣快钱，是散户亏损的祸根，甚至是世界上大部分违法犯罪的根源。

前文提到，"前锋"类的资产配置包括股票类资产、大宗商品等，当然也包括小众的虚拟币之类的高风险品种。对于大部分普通人来说，直接投资大宗商品往往需要通过期货交易来实现，门槛较高，风险巨大（杠杆效应），通过购买大宗商品相关的基金间接参与，相对现实一些，风险也小得多；而虚拟币则牵涉到是否合法合规问题，而且波动极大，不建议普通投资者参与。

作为普通人比较容易参与的"前锋"类资产，股票具有较高的回报率潜力。股票市场既充满了机遇，也伴随着风险，其背后蕴藏着一套复杂而精细的底层逻辑。那么，普通人如何通过股票赚钱呢？

（1）了解股市知识

在进入股票市场之前，了解基本的股票知识是至关重要的。学习股票的基本概念、交易规则、股价形成机制等，可以帮助你更好地理解股票投资的本质。可以通过阅读相关的书籍、参加培训课程或在线学习来提升自己的知识水平，为后续的投资决策打下基础。

（2）制订周密的投资计划

投资计划决定了我们能不能在证券市场生存，能不能让自己成长和进步。我们的投资行为只有建立在经过充分论证后的计划上，才能坚守自己的阵地，淡定地面对市场的风云变幻，冷眼旁观那些诱惑和鼓动。那时你会发现，自己成了情绪的主人，而不是被情绪所支配。投资计划要根据自己的风险承受能力和投资偏好制订,并且要具体,不具体的计划容易被破坏,最后成为一纸空文。比如,你计划最高投入总仓位的20%在股票上,这20%包含了哪些类型的股票?蓝筹股、潜力股、热门股各占多少?各类股票或单票的占比上限是多少?什么条件下达到20%的上限?什么情况下减仓或清仓?遵循什么标准和节奏?这些问题不明确下来,20%的上限恐怕很难保住。这只是投资计划中的一项仓位管理,其他内容如投资目标、交易风格与策略等,也要尽量详细。

(3)学习基本面和技术分析

基本面分析是选择股票时常用的一种方法。它主要关注公司的财务状况、经营情况、行业地位以及未来发展前景等因素。通过对这些因素的综合分析,投资者可以评估公司的内在价值,从而选择具有潜力的股票。技术分析是另一种重要的股票分析方法。它主要通过对股票价格、成交量等历史数据的统计和分析,预测股票的未来走势。技术分析可以在一定程度上帮助投资者识别市场的趋势和反转点,以及判断买卖的时机。

(4)研究和分析公司

挑选优质的股票是赚钱的关键。要仔细研究和分析你感兴趣的上市公司,包括其财务状况、业绩表现、行业竞争力等。了解公司的基本面和未来发展前景,可以评估其投资价值,接下来结合技术分析,做出更明智的投资决策。

(5)关注市场动态和政策变化

股市是一个充满变化的市场,投资者需要时刻关注市场动态、政策变化。通过及时获取和分析这些信息,可以更好地把握市场趋势,及时调整投资策略。例如,当国家出台支持某一行业的政策时,投资者可以关注该行业的上市公司,寻找投资机会。同时,还需要关注国际市场的走势和全球经济形势,以便更好地把握国内股票市场的变化。

(6)掌握风险管理方法

风险控制是股票投资中不可或缺的一环。有风险的投资理财,要用闲钱,不可轻易满仓,更不可轻易借钱投资。在进行股票投资时,应该根据自己的风险承受能力设定合理的止损点，也要避免盲目跟风或冲动行为带来的损失。此外，投资者还可以通过分散投资来降低风险，把资金分散投资于不同的股票、行业或市场，逐步建仓，以减少单一投资带来的风险。同时，要谨慎对待杠杆和融资，它们可以放大收益，但同时也增加了风险，因此要格外谨慎。

（7）定期评估和调整投资组合

投资理财是一个动态的过程，投资者需要定期评估和调整自己的投资组合。这包括检查股票的表现、评估投资策略的有效性及调整资产配置等。通过定期评估和调整，投资者可以确保自己的投资组合始终保持在最佳状态，以应对市场的变化。

（8）保持学习和耐心

买卖股票，也包括其他类型的投资理财，是一个不断学习和积累经验的过程。不要刚进市场就想着挣快钱，我们需要不断学习投资知识和技能，总结成功的经验和失败的教训，提高自己的投资水平。同时要认识到，市场的波动和短期的涨跌都是正常的现象，要保持长期投资的心态，不轻易放弃或大幅改变自己的投资策略和计划。

以上8条，不仅适用于股票，大部分内容也适用于其他类型的投资理财品种，投资者要认真对待。尤其是新手，要仔细研读，牢记于心，这样才能在投资中走得稳健、赚得长久。

◎ETF："中场"类资产配置的理想选择

> 为了控制风险，平滑收益曲线，投资者有必要对基金进行风险分级，并根据自身特点安排合理的配置结构。

ETF是英文Exchange-Traded-Fund的简称，是一种在交易所上市交易的、基金份额可变的开放式指数基金。基金是一种集合投资方式,由专业的基金管理公司发起设立,通过发行基金份额的方式募集资金,然后由基金经理将资金投资于股票、大宗商品、债券、货币市场等多种资产,以获取收益。

基金的种类繁多,就证券投资基金来说,根据不同标准可以将其划分为不同的种类:根据基金单位是否可增加或赎回,可分为开放式基金和封闭式基金;根据投资对象的不同,可分为股票基金、债券基金、货币基金和混合型基金;根据交易场所的不同,可分为场外基金和场内基金;按照投资理念的不同,可分为主动基金和被动基金(指数型基金)。

那么,对于普通大众来说,应该怎样选择基金进行投资理财呢?

如果作为"中场"类的资产配置,普通人应该选择开放式、股票和混合型、场内的被动基金,原因在于:封闭式基金申赎不方便,债券型和货币基金主要用于防守,场外基金手续费偏高(费率通常是百分之一到千分之一之间,场内基金费率通常是万分之一左右),主动基金透明性不够高,不能杜绝老鼠仓,其业绩好坏主要依赖基金经理的能力。

如果你已经有了证券账户,投资场内基金可以节省交易费用。场内基金有两大类:一是 LOF(即上市型开放式基金),二是 ETF。相比之下,ETF 的管理费率和托管费率通常低于 LOF,而且,ETF 交易活跃,流动性通常优于 LOF。

ETF 能够分散投资并降低投资风险,兼具股票和指数的特色,结合了封闭式与开放式基金的优点,交易成本低廉,而且具有高透明性,是"中场"类资产配置的理想选择。

单就投资 ETF 来说,同样也可以融入足球场思维,因为不同的 ETF 基金其风险和收益会有很大差异。按波动幅度从小到大,也可以把它分为四级。

A 级:低中波动宽基,如上证指数类、红利类、MSCI 中国 A 股类、中证 800 类、中证 500 类、沪深 300 类、中证 100 类、上证 50 类、深成指类等。

B级：中偏高波动宽基和中低波动的行业主题类窄基，如深红利类、美股纳指类、港股恒指类、银行类、金融类、央企类、证券类、石油煤炭类、电力类等。

C级：偏高波动宽基和中高波动行业主题类窄基，如中证1000类、科创类、创业类、双创类、日经类、科技类、电子类、化工类、军工类、旅游类、农业养殖类、基建类等。

D级：高波动热门或曾经热门的行业主题类窄基，如新能源类（包括新能源汽车、电池、光伏、碳中和、新材料、高端制造、稀土、稀有金属等）、人工智能类、半导体芯片类、通信5G类、信息传媒类、计算机类（包括大数据、云计算、游戏等）、消费类、医疗类、房产建材类等。

明确大致的风险级别之后，可以根据自己的风险承受能力和投资目标制订ETF的投资计划，注意分散投资，确定每个风险级别ETF的投入上限，尤其是D类基金。

另外，由于《中华人民共和国证券投资基金法》规定，剩余规模不足5000万元的基金可能有清盘风险，因而我们要选择规模大一些的ETF。虽然基金清盘不会像股票退市那样给投资者造成重大损失，但可能需要几个月才按净值清算完毕，在一定程度上会影响投资者的资产流动性。

如果你没有时间关注证券市场，可以进行指数基金的定投。由于定投的周期通常很长，摩擦成本较小，因而定投标的不必仅限于ETF或场内基金，但最好是宽基，谨慎选择行业主题类的窄基。定投的"定"字有两个含义，一是定时，二是定额。其中定额是关键，因为定额能够在低位时买入较多的份额，在高位时则买入较少的份额，长期积累下来，你持有的平均成本就比较低。当市场回暖，只要该基金的价格回到均价以上，你就有利润了。

◀ 第十章　投资逻辑：从赚钱到玩钱，通过合理的资产配置实现财富的增值 ▶

◎从现金类兜底资产中获得更多收益

> 周四卖出1天逆回购能获得3天的利息，周五资金回来后申购T+0货基则周末有收益，即一周7天能得9天的收益。

现金及现金等价物是我们的兜底资产，是资产配置中的底线，相当于足球场的守门员。保留一定数量的兜底资产可以满足家庭的日常开支，帮助我们应对突发情况，同时也可以在市场出现投资机会时迅速行动。

但是如果把大量现金放在家里，显然也是不合适的。如何能让现金"钱生钱"？从中获得更多收益的底层逻辑有哪些呢？

（1）银行存款

把钱存在银行是传统的方式，也是常见的方式。银行存款通常能够保障资金安全，还能获得利息收益，有助于实现资产的合理配置和信用记录的积累。银行存款主要包括活期存款、定期存款、零存整取、整存零取、定活两便存款、通知存款，还有大额存单等多种类型。每种存款类型都有其特点和适用场景，可以根据自己的需求选择合适的存款方式。需要注意的是，去银行柜台办理存款业务时，不要被一些所谓的银行工作人员诱导，把存款变成了买理财或保险。其实很多业务不必去柜台办理，数额不太大的现金存款在银行的自动柜员机（ATM机）上就可以自助办理，网上银行和手机银行上则可以办理大部分业务，包括存款类别的变更。

（2）国债逆回购

国债逆回购，简称逆回购，本质是一种短期贷款。它是个人通过证券账户的国债回购市场把自己的资金借出去，获得利息收益；而正回购方，也就是借款人用自己的国债作为抵押获得借款,到期后还本付息。

逆回购的安全性超强,等同于国债,尤其是短期逆回购,目前可以说没有风险,类似于现金等价物。逆回购收益率往往高于同期银行存款利率水平,特别是月末、季末、年末等市场对资金的需求较大时,逆回购的收益率可能会大幅走高。

(3) 货币基金

货币基金是聚集社会闲散资金,由基金管理人运作,基金托管人保管资金的一种开放式基金,主要投资于国债、央行票据、商业票据、银行定期存单、政府短期债券、企业债券(信用等级较高)、同业存款等安全性极高的短期金融品种。买卖货币市场基金一般都免收手续费,资金进出非常方便。

货币基金具有高安全性、高流动性、稳定收益性,具有"准储蓄"的特征,通常能获得高于银行存款利息的收益,而且还可以避免隐性损失。当出现通货膨胀时,银行实际利率可能很低甚至为负值,货币基金可以及时把握利率变化及通胀趋势,获取稳定的较高收益。但货币基金并不承诺本金的安全(事实上由于基金性质决定了货币基金在现实中极少发生本金的亏损,一般货币基金被看作现金等价物)。

个人买卖货币基金有很多渠道,下面三种较为常见。

①电子平台。

有一些电子平台,支持把货币基金里的钱直接用于消费,例如转账、支付、还信用卡等;当货币基金里的资金不被使用时,可以自动赚取收益,例如支付宝里的余额宝、微信里的零钱通都是如此。此外,支付宝和微信里还可以购买别的货币基金,收益可能略高,但不支持直接使用。类似的平台还有天天基金网、京东金融,基金超市和证券公司的交易平台等。

②银行渠道。

大多数银行都提供货币基金购买服务,包括线上网银、手机银行和线下柜台。银行渠道的货币基金产品种类丰富,投资者可以根据自己的需求

◂ 第十章 投资逻辑：从赚钱到玩钱，通过合理的资产配置实现财富的增值 ▸

选择合适的产品。

以上两种渠道的货币基金都是场外基金，买入通常有一定的限额，计息规则一般是不计头也不计尾。比如周四 15：00 前买入或申购，周五确认份额开始计息；若周四 15：00 之后买入或申购，则下周一确认份额开始计息，这就是不计头。赎回分为快速赎回（每天每只通常是一万元的限额，立即到账）和普通赎回（一般不限额，T+2 到账），比如若周四 9：30 后至周五 9：30 前快速赎回，利息只算到周三；若同样的时间段选择普通赎回，则周四的利息计算在内，但资金下周一到账，这就是不计尾。

③证券账户场内渠道。

如果你有证券账户，则可以选择两种类型的场内货币基金。

一是实时申赎货币基金，也叫实时货币基金，或 T+0 货基，是指通过证券交易所场内系统进行实时申购和赎回业务的货币基金。这种货基需要在证交所交易时间内申赎。若申购有效，下一秒即确认份额，当天计息，下一个交易日可赎回；赎回时，若赎回有效，下一秒即确认，资金立即到达证券账户，并且立即就可以用这些资金买入股票或其他投资品。

二是交易型货币基金，也称货币 ETF。这种货基可以像股票一样按市价买卖交易（价格有小幅波动，有可能产生小额亏损，持有不卖则会产生利息收益），而且 T+0，同时也可以在场外按净值申赎。也就是说它可以同时在两个市场交易，当价格有差异时可以跨市场套利。

这两种场内货币基金的计息规则大都是"计头不计尾"，不存在"不计头也不计尾"的情况。

综上所述，对现金类兜底资产进行管理的途径多种多样，综合运用这些途径，可以更好地管理自己的现金类资源，实现兜底资产的安全和增值。

第十一章 久赚逻辑：提升赚钱格局，创建可持续的生财系统才能走得更远

在财富的征途上，格局决定了你能走多远。久赚的逻辑，不仅仅是一种赚钱的方法，更是一种人生的态度和智慧。不拘泥于眼前利益，而是追求可持续的财富增长，就如同种下一棵棵树苗，长远来看，它们将会长成大树，为你带来长久的阴凉。

◎赚钱要注重长期的规划和策略

快速赚钱或许能够带来一时的满足感和兴奋,但它往往伴随着不稳定性和高风险。

在现实世界里,每个人都在为生活奔波,为财富奋斗。在这个过程中,多数人喜欢赚快钱,而忽视了可持续的财富增长。事实上,赚得久不仅意味着稳定的收入流,还代表着持续的经济增长和未来的财务安全。因此,我们在追求财富的过程中不能急功近利,应该注重长期的规划和策略。

财富的增长逻辑是一个长期付出然后慢慢变现的过程,需要耐心和毅力。当我们只专注于眼前的利益时,可能会忽视长期的发展机会。为了追求即时的金钱收益,我们可能会做出一些缺乏长远考虑的决策,从而影响到未来的发展。

我们不能期待所有的付出都能立即得到金钱上的回报,如果过于看重眼前的利益,很容易失去对真正价值的判断。而真正的价值往往隐藏在那些需要长期投入和耐心等待的事物中,如技能的提升、经验的积累、人际关系的建立、品牌的塑造等。这些看似无形的东西,却能够在未来为我们带来更加丰厚而持久的回报。

急功近利往往容易让人陷入风险之中,甚至在不自知的情况下导致不良后果。急功近利的人常常过分关注眼前的利益,而忽视了长期的规划和策略。他们渴望迅速取得成功,往往不顾一切地追求目标,却忽略了潜在的风险和后果。这种心态容易导致决策失误,甚至可能让我们走上不归路。例如,有些人为了赚快钱可能会不择手段,甚至采取违法违规的行

第十一章 久赚逻辑：提升赚钱格局，创建可持续的生财系统才能走得更远

为；再如，有些人在投资领域为了追求高收益，盲目跟风炒作热门股票或投资项目，结果往往损失惨重。

急功近利还容易让我们陷入一种恶性循环。当我们过分追求快速成功时，可能会为了眼前的利益而牺牲自己的健康、家庭和时间，最终导致身心疲惫和生活失衡。而当我们意识到自己的错误时，往往已经深陷其中，难以自拔。

当然，不急功近利并不意味着完全放弃赚快钱的机会。赚快钱和赚久钱并非完全对立，而是可以相互结合、相辅相成的。在适当的时候，抓住那些能够带来短期收益的机会也是非常重要的。但是，我们要认识到赚快钱和赚久钱之间的区别，赚快钱只能作为我们财富增长的一个补充，而不能成为主要手段。如果过于依赖赚快钱，很容易陷入赌博式的行为，最终可能导致巨大的风险和严重的危机。

为了避免急功近利带来的风险，我们需要注重长期的规划和策略，明确自己的目标和追求，遵循事物发展的规律，注重自身的成长和积累。无论是学习新知识、掌握新技能，还是拓展人际关系，都能够帮助我们更好地把握财富增长的机遇。在面对诱惑和挑战时，保持理智和冷静，坚守自己的原则，不被表面的利益所迷惑；在面对风险时，客观分析其可能性和影响，充分考虑各种因素，确保自己的决策是明智和稳健的。

长期的策略是赚钱的关键。在赚钱的过程中，我们需要根据自己的目标和实际情况，制订出一套适合自己的赚钱策略。这些策略可能包括职场发展、创业、投资等多个方面。例如，职场发展方面，我们要不断提升自己的专业技能和综合素质，争取更高的职位和薪资。创业方面，我们要寻找具有市场前景的创业项目，制订详细的商业计划，并付诸实践。投资方面，我们要学习投资理财知识，了解市场走势，选择合适的投资工具和项目，以降低风险、提高收益。

长期的规划和策略需要我们具备耐心和毅力。赚钱是一个漫长而艰辛的过程，不可能一蹴而就。在赚钱的过程中，我们会遇到各种困难和挫折，所以我们需要坚定信念，持之以恒地努力。同时，我们还要拓展人

脉、学习新知识、调整心态，保持积极乐观的态度，这样才能走得更远，实现财富的持续增长，过上自己想要的生活。

◎打造个人IP，财富会因你的口碑而源源不断

> 人们总愿意跟那些人品好的人打交道，所以一个人的品格决定了他在赚钱的道路上能走多远。

个人IP（Intellectual-Property，知识产权）是一种独特的身份标识，它代表着你的专业知识、技能、经验、人品和个性特征。

无论是做自媒体还是开网店，不管是行走职场还是做生意，拥有一个成功的个人IP都非常重要，它可以帮我们赢得他人的信任和尊重，建立良好的人际关系，提升自己的口碑，吸引更多的机会和资源，使我们在竞争中脱颖而出，让财富自动汇聚并且源源不断。这是我们实现久赚的一个极其重要的底层逻辑。

打造个人IP，除了我们前面已经详细讲述过的知识、技能、经验的积累之外，关键在于拥有令大家首肯的人品。

歌德说过：无论你出身高贵或者低贱，都无关紧要。但你必须懂得做人之道。

做人、做事、做生意，其实都是如此。要想成功，谋略、技巧固然重要，可是有一样东西更为重要，那就是人品。正如军队，做参谋的只需要有智谋，但起决定作用的司令官，要有威信、魄力，具备优秀的品质。对赚钱而言，技巧只是方法和手段，而决定钱能赚多少、赚多久的却是一个人的品质。

人品是个人IP的灵魂。优秀的人品会为你带来巨大的吸引力和影响力，促使人们去靠近你。

第十一章 久赚逻辑：提升赚钱格局，创建可持续的生财系统才能走得更远

有人看似轻松地过关斩将，就能创造优良业绩；有人却费尽心机，收获甚微，究其原因正是个人 IP 的差异。能够赚得多、赚得久的人，不仅是在卖自己的知识、技能或产品，还在用人品创造自己的口碑。由于厚道做人，所以能得到升职加薪、能得到客户的订单，而且还能广结善缘。

赚钱，只靠有能力是不够的，仅有好的谋略也不足以使你成为长期的赢家，深刻的见解和好的技术也无法长久地留住客户。因为赚钱最重要的就是要赢得别人的信任和喜爱，最有效的手段莫过于以自己的人品感召别人、感召金钱。

我们容易信任那些品行高尚的人，他们总是能够给我们充分的安全感和信赖感，总是在不显山露水的情况下快乐了别人、成就了自己。这些高尚的人就是通过他们的人品塑造了自己的 IP，而凝聚成一种无形的巨大的力量，使人们心甘情愿地自觉追随其左右，而且在优势富集效应的作用下，越来越多的人加入其中，终成浩浩荡荡的人脉洪流，成功已成必然，势不可当。

因此，在赚钱的过程中，我们也许不能做一个有才能的人，但一定要做个高尚的人，树立良好的口碑，比如正直、诚实、守信、有担当等。与人相处时，不要只盯着对方的口袋，为了赚钱信口雌黄；也不要耍小聪明，认为别人都是傻子，以花言巧语欺骗别人。绝大多数人并没有想象的那么傻，吃了亏不可能一直无所觉察，受了损失不可能总是无动于衷。当人们意识到的时候，很可能选择远离，甚至报复。那些做人不讲诚信、做事不讲良心、钻进钱眼里的人，最后又有几个得到了好处？

所有想长久赚钱的人，都应该清楚地认识到自己本身就是一个品牌，如果你拥有令人点头的个人品格，就能使大家信任你、接近你、帮助你，这样你才可能克服赚钱路上的重重障碍，一步步走向事业的辉煌。

总之，打造个人 IP，并建立良好的口碑是实现久赚的一个重要的底层逻辑。它不仅需要提升专业能力，提供优质的产品或服务，更重要的是拥有一个令人点头的人品。只有这样，财富才会因你的口碑而源源不断地到来。

◎关注人的需求是长久赚钱的关键所在

人们通常不会关心你的产品或服务是什么,他们更关心你的东西能解决什么问题。

无论是出售产品,还是提供服务,我们的最终目的都是为了满足人们的某种需求。反之,如果只知道卖东西,而忽略了人们的需求,那么即使短期内赚了点钱,也难以持久。

满足人们的需求可以建立稳定的客户群体。当我们提供的产品或服务能够切实解决人们的问题或满足他们的期望时,客户会对我们产生信任感和忠诚度。这种稳定的客户群体不仅会为我们带来持续的收入,还会通过口碑传播吸引更多的客户。这是长久赚钱的一个非常重要的底层逻辑。

人们的需求是多种多样的,涵盖了方方面面。无论是衣食住行,还是娱乐休闲,都离不开需求的满足。因此,要想长久地赚钱,就必须深入了解人们的需求,并寻找与之相匹配的商机。首先,要关注人们的基本需求。这些需求是人们生活中必不可少的,如衣食住行等。通过提供优质的产品和服务,满足人们的基本需求,可以找到稳定的赚钱机会。其次,要关注人们的个性化需求。随着社会的发展和人们生活水平的提高,个性化需求逐渐凸显。人们不再满足于千篇一律的产品和服务,而是追求独特、个性化的体验。因此,我们可以通过创新和差异化来满足人们的个性化需求,从而获得更多的赚钱机会。除此之外,还要关注人们的潜在需求。这些需求可能并不明显,但通过深入分析和洞察,可以找到人们潜在的需求或痛点,从而为他们提供更精准、更贴心的产品或服务。

了解人的需求需要具备一些关键能力。首先,要有敏锐的洞察力,保持对生活的关注，多观察、多思考。其次，要有创新和差异化的思维，不断尝试新的经营模式和商业模式，以满足人们的个性化需求。此外，还需要具备良好的沟通能力和服务意识，了解他们的需求和期望，提供优质的服务和解决方案，从而建立信任和口碑，实现长久地赚钱。

在实践中，关注人们的需求并不仅仅是一种理念，更是一种行动和实践。我们需要通过市场调研、数据分析、沟通互动等手段，深入了解人们的需求和心理，关注行业的发展趋势和竞争态势，以便及时调整自己的战略和策略。

关注人们的需求未必是不断推出新的产品和服务，优化和升级也是重要的一方面。比如，一些餐馆之所以能够长期保持旺盛的人气，是因为它们始终关注顾客的口味需求和用餐体验，不断改进菜品和服务质量，并非频繁地推出新菜品。关注和满足人们的需求是一个持续的过程，需要我们不断地对现有产品和服务进行改进和优化，以更好地提升他们的满意度和忠诚度。

总之，关注人们的需求是长久赚钱的关键所在。只要我们紧密关注人们的需求，赚钱的机会就会源源不断地涌现，你的财富自然也就能持续增长。

◎摒弃传统竞争的思维，树立合作共赢的理念

从单打独斗和短视竞争到互惠互利的合作共赢，是久赚之道的必然过程和明智选择。

在如今的社会中，竞争无处不在，无论是职场上的晋升、商场上的较劲，还是日常生活中的各种比较，人们似乎都深陷于一场永无止境的竞赛之中。

竞争是推动社会进步和个人成长的重要动力，但过度的竞争往往会导致资源的浪费、人际关系的紧张，甚至引发冲突。而共赢思维则是一种更加理

性和包容的竞争态度，它强调在竞争中寻求合作，通过合作实现双方的利益最大化。这种理念不仅有助于减少竞争带来的负面影响，还能提升个人的竞争力和社会的整体效益，是一种长久赚钱的明智选择和底层逻辑。

参与竞争是不可避免的，但同时我们也要明白，竞争并不是一场零和游戏，不是你输我赢的简单对立。相反，我们应该把竞争看作是一个相互学习、相互成长的过程。在竞争中，我们应该尊重对手，欣赏他们的优点和长处，从他们身上汲取经验和教训。同时，我们也要善于与他人合作，共同解决问题，实现共同发展和进步。

树立共赢理念需要我们在追求个人利益的同时，也关注他人的利益，以实现共同的成功。这种理念与传统的竞争思维有所不同，它强调的是合作与协作，而非单纯的对抗与竞争。

在竞争中，我们往往会过分关注自己的得失，而忽视了他人的需求和感受。然而，能够长久赚钱的人，往往是那些能够兼顾自己和他人利益的人。

李嘉诚说过这样一段发人深省的话："做事要留有余地，不把事情做绝。利人才能利己。有钱大家赚，利润大家分享，这样才有人愿意合作。"

试图一人得利，也许能得一时之利，但不能得长久之利。它容易招来大家的嫉恨，看起来是占便宜，其实却是吃了亏。因此，有了好处就要雨露均沾，这样别人有了好处时才会想着你。

在竞争激烈的环境中，单纯依靠个人的力量往往难以取得长期的成功。拥有合作共赢的理念，不仅能减少与竞争对手的冲突和矛盾，从而建立起相互尊重的关系，还能够创造更多的合作机会。通过与他人合作，我们可以学习到新的知识和技能，丰富自己的经验和能力，也可以整合各自的资源和优势。相比于单独行动，合作能够带来更多的可能性和潜力。

如何培养共赢理念呢？首先，要学会倾听和理解他人的观点和意见。在与人交流时，我们要保持平和的心态，避免过度强调自己的立场和观点，要尊重他人的想法，寻求共同的利益点。其次，要树立正确的价值观。我们要有开阔的视野和长远的眼光，认识到合作的重要性，摒弃过度的竞争心态，关注他人的利益和需求，共同解决问题。此外，要注重沟通和协商。通过有效的沟通，解决可能出现的矛盾和问题，共同制定合作方案，确保双方都能从中受益。

共赢不仅包括竞争双方的双赢，还包括多方的利益最大化，以及整个生态系统的和谐共生和可持续发展，形成利益共同体，共同应对市场挑战和风险。这种合作模式有助于整合资源、优化产业链、提升创新能力，从而实现整个生态系统的繁荣和进步。

当然，共赢思维并不意味着我们要放弃竞争或者放弃追求自己的利益，它是要我们在竞争中保持理性，以更加开放和包容的心态去面对未来的挑战和机遇。

◎加入或组建团队，用团队化模式赚钱

> 组建团队是对资源的重新整合与优化配置，而不是简单地把一群人聚在一起就万事大吉。

如今的社会，各种新知识、新技术不断涌现，如果一个人总是唱独角戏，什么都要自己去学习、去消化，就很难拥有可持续的生财系统。想要实现长久稳定地赚钱，加入或组建团队已成为一种必然的选择。

用团队化模式赚钱的底层逻辑在于，团队的力量能够带来许多个人所不具备的优势。

第一，团队化模式能整合资金、人脉、技术等资源。不同成员凭借各自的资源或专长，在团队中相互协作、相互补充、共享资源，可以使团队更好地应对各种复杂的问题和挑战，接触到更多的机会和项目。

第二，团队化模式能提供一定的稳定性和保障。在面对市场的风险和竞争时，团队可以共同承担风险、共同承担责任，相互支持和鼓励，减轻个人的压力。团队的存在也增加了应对困难和挑战的能力，使赚钱更加稳健。

第三，团队化模式能够促进创新和创造力的发挥。俗话说，三个臭皮匠，顶个诸葛亮。一个人再聪明，也有想不到的地方。而在团队中，不同的思维和观点相互碰撞，可以激发出新的灵感和想法，有助于打破传统思维的束缚，发现新的商业机会，从而实现持久地赚钱。

第四，团队化模式可以给个人提供更大的发展空间。在团队中，我们能够与各种背景和专业的人合作，从他们身上汲取丰富的经验和知识，可以拓宽自己的视野和能力范围，不断提升自己的技能和能力，获得更大的发展空间。

加入一个优秀的团队，意味着我们能够在其中发挥更大的价值，并借助团队的力量，共同面对市场的挑战，实现共同成长。在选择团队时，我们要注意以下几点：一是团队的文化和价值观是否与自己相符；二是团队的发展前景和盈利能力是否可观；三是团队成员的素质和能力是否能够满足自己的需求。

当我们具备了一定的资源和能力后，可以考虑组建自己的团队。组建团队能拥有更多的自主权和控制权，可以根据自己的理念和目标来挑选团队成员，打造一个高效、和谐的团队。

在组建团队时，要先制订一个详细的计划，包括团队的定位、目标和愿景等，以吸引志同道合的伙伴加入。在组建团队的过程中，我们需要考虑团队成员的特长、性格和价值观等因素，设计好组织结构，明确人员分工和职责，确保他们有一定的互补性和协同性，让每个成员都能够发挥自己的优势，共同为团队的目标而努力。同时，还需要制定有效的激励机制和约束机制，建立成员之间的沟通和协作机制，营造良好的团队氛围，使团队成员形成强大的合力。这样的团队更加团结和协调，可以推动团队不断向前发展，实现长期的赚钱目标。

总之，加入或组建团队是我们用团队化模式长久赚钱的必然选择。借助团队的力量，汇聚更多的资源和智慧，实现个人无法达到的目标，能够更好地应对市场的挑战，实现财富的积累和增长。

第十二章 守钱逻辑：用心守护来之不易的财富，别让它如流星般转瞬即逝

财富犹如大树，赚钱是栽种，守钱是培育和守护。赚钱或许能带来一时风光，但若不善守钱，财富便会如流星般转瞬即逝，甚至还会惹祸上身。守财并非吝啬，而是对努力的尊重，对未来的担当。懂得守钱，才能让财富之树枝繁叶茂，长青不败。

◎能赚钱却没剩下钱，问题到底出在哪里

即使赚到了钱，如果疏于管理和规划自己的财务，就很容易让财富只有流量没有存量。

在现代社会中，很多人忙忙碌碌，只为赚取更多的财富，却往往忽略了财富的积累与保值。这样的行为模式下，财富就如同流水般匆匆而过，虽然有不断的流量，却没有真正积累起存量，无法真正为我们所拥有。

你身边或许有这样的朋友：他们很辛苦、很努力，钱没少赚，但到了月底或年底，剩的钱却并不多，甚至有时还会出现入不敷出的情况。这背后的逻辑究竟是什么？为什么明明赚到了钱，却最终没有剩下多少呢？

在生活中，金钱的流动就如同一个水循环系统，收入就像进水管中的水，源源不断地流入；而支出则像出水管中的水，不断地流出。当你发现，尽管进水管中水流汹涌，但水池中的水却不见增长，甚至还偶尔干枯时，就需要审视一下，找出问题所在。

第一，我们来看看进水管。进水管的问题，主要表现在收入的不稳定或收入渠道过于单一。很多人依赖于一份固定的工资来获取收入，这种方式的优点是稳定，但缺点是缺乏灵活性。一旦工作出现问题，或者市场环境发生变化，收入就可能受到影响。因此，我们需要多元化收入来源，增加进水管的水流。比如，可以通过提升自己的技能水平获得更高的薪资，或者通过做副业、投资理财、创业等方式，拓宽收入渠道，使收入来源更加多样化。

第二，我们还需要关注进水管的流量问题。有些人虽然有多种收入来源，但每种收入的金额都不大，导致总收入并不高。这就需要我们提高自

己的能力，提升自己在工作中的价值，从而增加收入。此外，我们还要善于把握市场机遇，抓住投资机会，使进水管的水流更大。

第三，仅仅关注进水管是不够的，我们还需要关注出水管。出水管的问题，主要表现在支出过大或支出结构不合理。有些人虽然收入颇丰，但由于支出过大，导致每月的支出接近甚至超过了收入，这样自然就无法积累财富。有些人虽然支出总额不大，但支出结构不合理，比如过于注重物质消费，而忽视了人脉、学习、健康等方面的投入。这样的支出结构，虽然短期内可能让人感到满足，但长期来看，却不利于个人的成长和发展。

第四，除了收入和支出的问题，我们还需要关注水池本身的问题。水池的大小，决定了我们能积累多少财富。如果水池太小，即使进水管的水流再大，也无法积累多少财富。因此，我们需要扩大水池，也就是提高自己的现金或现金等价物的储备，养成良好的现金管理习惯，比如设立一个专门的储蓄账户或证券账户，每月将一部分收入自动转入作为"门卫"型兜底资产来管理。

第五，我们还需要关注水池的漏水问题。有些人虽然收入高、支出低，但总是觉得钱不够用，这可能是水池在漏水。漏水的原因可能有很多，比如投资失败问题，信用卡透支、贷款等债务问题，会不断地从我们的财富中吸取资金。为了避免水池漏水，我们需要谨慎投资，避免无法掌控的高风险投资项目；另一方面，我们还要谨慎使用信用卡和贷款，避免过度借贷和滥用信用额度。

总之，能赚钱但没剩下钱的问题，需要我们从多个方面寻找原因，然后着手解决。在这个过程中，我们也可以换一种思维，把自己当成一个企业来看待。我们知道，企业的净利润等于营业收入减去各项成本。对个人而言，一个人每月、每年赚的钱只不过相当于企业的营业收入，而不是净利润，减掉各种成本后是否有结余、结余多少，才真正反映出这个人的赚钱能力。

一个企业营收很多，但是净利润接近零甚至是负数，算是优秀的企业吗？一个人收入很高，但是总是剩不下钱，算是会赚钱的人吗？

所以，我们需要不断地学习和实践开源节流的方法，掌握防止漏水的技巧，只有这样，才能提高我们的"净利润"，使财富水池越来越大，越来越满。

◎过度消费会让我们陷入可怕的泥潭

> 每当你想"买买买"时，不妨想想：自己辛苦赚来的钱为什么就这么轻易地让别人给赚走了？

在当今这个物质极度丰富、消费主义盛行的时代，过度消费如同一只无形的黑手，正悄然将我们拖入一个可怕的泥潭。当我们沉迷于消费的狂欢中时，往往忽略了其背后隐藏的危机，直到深陷其中才惊觉，但是已难以自拔。

第一，过度消费会让我们陷入"剩不下钱"的尴尬境地，甚至陷入债务的泥潭。当我们不加节制地消费时，金钱就像流水般溜走，导致每月、每年都"剩不下钱"。有些人还会为了满足内心的冲动或虚荣心而购买昂贵的物品、出入高档消费场所，甚至不惜透支信用卡或借款来追求所谓的"高品质生活"。然而，这种消费行为往往是以牺牲长期的财务稳定为代价的。一旦我们陷入债务的泥潭，将不得不节衣缩食，甚至可能陷入更深的财务危机。

第二，过度消费会侵蚀我们的心灵。当我们为了追求外在的认同和赞美而不断地追求物质享受时，我们往往会变得浮躁和焦虑，无暇关注内心的成长与充实。我们担心自己跟不上潮流，担心被别人比下去，担心赚不到更多的钱支撑高消费。这种种担心让我们的心灵更加疲惫和空虚，心理压力越来越大，甚至可能陷入焦虑和抑郁的困境。

第三，过度消费也会对人际关系产生负面影响。当我们开销越来越大

◀ 第十二章 守钱逻辑：用心守护来之不易的财富，别让它如流星般转瞬即逝 ▶

时，不得不投入更多的时间和精力赚钱，与家人、朋友之间的交流和互动就会减少。我们不再用心去经营和维护这些珍贵的关系，而是被金钱的流入、流出所迷惑，忘记了人与人之间的温暖与关爱。

第四，过度消费也给社会经济发展带来了隐患。 当人们过度依赖消费来推动经济增长时，很容易陷入消费泡沫。一旦消费需求下降，经济就会陷入衰退。同时，过度消费还加剧了资源的开采和消耗，进而产生大量的废弃物和污染，未来的世界将面临更加严峻的环境问题。

生活中，我们可以看到许多因过度消费而陷入困境的例子。有些人因为追求名牌和奢侈品，不惜拆东墙补西墙，最终导致自己陷入债务危机；有些人因为不断购买新产品，家里堆满了过时的东西；有些人因为不节制的休闲娱乐、胡吃海喝，而忽视了自己的健康，最终追悔莫及；有些家庭因为过度消费导致生活压力太大而不断地争吵、冷战，最终感情破裂，分崩离析。这些例子都在警示我们，过度消费是一条危险的道路，它会让我们失去对生活的掌控，陷入可怕的泥潭之中。

赚钱不易，我们必须清醒地认识到过度消费的危害，采取有效的措施来加以防范和控制。这是守住财富最主要的底层逻辑。

第一，树立正确的消费观念。 我们应该根据自己的实际需求和经济能力来进行消费，而不是盲目跟风和攀比。要知道，消费并不是衡量幸福与否的标准。我们要关注内心的成长和丰富，追求真正有意义和价值的事物，将金钱和时间投入学习、成长、与家人和朋友相处等更加有意义的事情上，让生活更加充实和美好。

第二，学会自我控制和管理。 我们可以通过制订预算并严格执行，避免自己的财富无序或超额流失。可以寻找节省开支的方法，把钱花在刀刃上，通过理性购物和延迟满足等方法来控制自己的消费行为。当我们面临购物的冲动时，不要立刻购买，而是给自己一个冷静期，思考这个物品是"需要"还是"想要"，只购买那些真正需要的东西，避免被一时的冲动所驱使。在购物时，要仔细比较不同产品的性价比，选择真正需要且质量可靠的产品，或者尝试一些替代性的消费行为，比如选择二手物品、共享资源。同时，我们也要学会抵制各种诱惑和广告的影响，保持清醒的头脑和理性的思维。

第三，培养其他兴趣爱好。当我们把注意力从物质层面转移到精神层面时，可以减少对消费的依赖。生活中除了赚钱和花钱，其实还有许多有意义的事情可以做，比如读书、学习、运动、陪伴家人、结交朋友、参与公益活动等，这些事情不仅能够丰富我们的生活，还能让我们的内心得到充实和满足。

同时，我们也要保持开放和包容的心态，接受自己和他人在消费观念上的差异，而不是盲目地追求所谓的"潮流"或"标准"。对于那些大手大脚的人，不仅没必要与他们比高低，还要与之保持适当的距离。

控制消费并不意味着要过一种苦行僧般的生活，而是在保证生活质量的同时，合理规划开支，避免不必要的浪费。这是对努力果实的尊重和珍惜，是对未来生活的担当与谋划，是不被消费奴役的一种理性和成熟。当我们能够掌控自己的消费欲望时，就能更加从容地面对各种诱惑和挑战，更好地掌控自己的生活。

◎ 怎样用钱，决定了一个人未来的走向

通过观察一个人用钱的方式，可以洞察到他在未来可能展现出的各种特质和可能性。

钱，这个在我们日常生活中无处不在的元素，在很大程度上塑造着我们的生活，影响着我们的未来。赚到钱之后怎样使用，如同一面镜子，不仅反映出我们的价值观和生活态度，更在某种程度上预示了我们的未来走向。

有一个人，怀揣着满腔的热血与梦想，不顾父母和老婆的反对，辞去

◆ 第十二章 守钱逻辑：用心守护来之不易的财富，别让它如流星般转瞬即逝 ◆

电力公司的工作，踏上了创业的征程。幸运的是，他很快便遇到了一个绝佳的商机。在创业的第二个月，他便成功赚取了五十余万的利润。这份突如其来的财富让他有些飘飘然，他心中暗自窃喜，觉得赚钱轻而易举。他甚至觉得，只要再有几年时间，他也许不能赶超马云、李嘉诚，但至少也能成为当地的首富。

此后的他，出手阔绰，换了车子，全身名牌，甚至在打赏网络主播时也毫不吝啬地花费了将近二十万元。很快，他赚来的第一桶金便被挥霍一空，而他的公司则因为缺乏资金而陷入了困境，不得不宣布倒闭。

在接下来的几年里，他虽然尝试过再次创业，但每次都以失败告终，每一次的失败都让他感到深深的挫败。他想回到原来的电力公司上班，可是原先的位子早就被人占了。最终，他只好无奈地变卖了车子，暂时维持一家人的生活，重新找了一份并不如意的工作，骑着电瓶车上下班。

不懂守钱会导致个人财务的不稳定。财富没有存量，我们就无法应对突发的经济困境或意外情况。一旦收入来源出现问题，就会陷入困境，无法保障自己和家人的生活质量。这个人的经历就很让人惋惜，他那么快赚到了第一桶金，却没有守住钱用来发展事业，而是挥霍无度，不仅影响了个人的发展前途，还让家庭陷入了困境。

如果我们不能把赚来的钱合理规划和利用，就无法为未来提供足够的资金支持，很可能会限制我们向更高层次发展。守钱的逻辑并非意味着我们要过一种吝啬鬼和守财奴式的生活。相反，该花的钱一定要花，但该省的钱也要省。如何运用手中的金钱，不同的选择，将导向迥异的结局。

上海青帮的传奇人物杜月笙，曾在黄金荣的公馆中默默无闻地担任杂役。后来，在一次意外的机缘下，他立下赫赫战功，因此得到了黄金荣的妻子林桂生的丰厚赏赐——2000块大洋，这在当时无疑是一笔极为可观的财富。

实际上，林桂生此举意在试探杜月笙的品性和潜力。观察一个人未来的发展，往往可以从他对待金钱的态度和行为中窥见一二。

面对这笔巨款，杜月笙并未被眼前的利益所迷惑，他既未选择挥霍无度，也未选择将其全部存起来。相反，他拿出很多钱设宴款待曾经关照过自己的朋友，并为一些贵人精心挑选了珍贵的礼物。

杜月笙的这种做法，实际上是将金钱转化为宝贵的人脉资源。日后，他之所以能够飞黄腾达，离不开那些曾经与他并肩作战的铁杆兄弟的支持。

这便是懂得如何花钱的人。正如《水浒传》中的宋江，为何他能在上了梁山之后受到众人的推崇，被推举为头领？原因就在于他仗义疏财，愿意拿出自己的财富与大家共同分享，使得跟随他的人能得到实惠。

因此，一个人如何运用手中的金钱，对未来发展起着举足轻重的作用。我们应该注重长远的投资和积累，为未来的发展打下坚实的基础。

对于生活在现代社会的人来说，除了把钱用在经营人脉方面，还可以用于提升自己的专业技能和知识水平。通过参加培训课程、购买学习资料或参与实践项目，我们可以不断提升自己的竞争力。这样的投入虽然短期内可能看不到明显的回报，但长远来看，它将为我们带来更多的发展机会和更高的收入。

另外，我们也可以学习理财知识，掌握风险管理和投资技巧，从而更好地管理自己的财富。这不仅可以让自己的资产不断增值，还能获取更多的财富，为未来的生活提供更好的保障，或者为将来某个创业项目提供资金支持，抓住跨越式发展的机遇。

◎赚钱不能太保守，但必须防止冒致命的风险

风险是有级别的。如果某种风险变成事实后是你无法承受的，即使发生概率很小，也必须远离它。

很多人之所以过度消费，守不住手里的财富，往往是因为不懂投资或

◀ 第十二章　守钱逻辑：用心守护来之不易的财富，别让它如流星般转瞬即逝 ▶

做生意，对财富增值的逻辑缺乏认知，所以就把钱花掉了。懂得投资或做生意的人，因为知道如何让财富得到更好的利用，就能更好地控制自己的消费欲望。

然而，投资和做生意需要一定的知识和技能，还需要冒一定的风险。这也是为什么很多人选择过度消费而不是尝试投资或做生意的原因。他们觉得投资和做生意太过复杂和风险太高，而更愿意选择简单直接的消费方式来满足自己的需求。

的确，不管是创业做生意，还是投资理财，无疑都需要面对一定的风险。然而，风险和收益往往是同时存在的，在快速变化的时代背景下，新的机会层出不穷，如果因为思想保守，过于担心风险而不敢涉足，那么就意味着会错失诸多机遇。同时，保守的赚钱方式还会导致我们的收入增长缓慢，无法满足生活的需求。因此，我们需要在一定程度上敢于面对风险，勇于尝试新的赚钱途径，以提高我们的收入水平。

赚钱太保守不行，但随意冒险也不行，尤其是那些致命的风险，必须预防。

正如航海者必须时刻警惕风浪与暗礁，投资和做生意也必须严防那些可能带来致命风险的因素。因为一旦涉足致命风险，很可能导致一切努力付诸东流，甚至陷入万劫不复的境地。

巴菲特作为投资界的传奇人物，他的智慧和胆识一直为世人所称赞。一天，有一个记者问巴菲特："假设给你一把枪，里面有1万个弹仓，其中只有一个里面有一颗子弹。把枪对准你的太阳穴，扣一下扳机，给你多少钱你才肯做？"

巴菲特说："你给我多少钱，我都不干。"

巴菲特的回答，展现了他对生命的尊重和对风险的深刻理解。生活中，我们也常常面临类似的选择，有些看似充满诱惑的事情，实则隐藏着一颗要人性命的"子弹"。如果我们盲目追求这些表面的诱惑，而忽视了背后的风险，那么最终可能会付出极为惨重的代价。

投资或做生意时，首先必须防止冒的致命风险是法律风险。违法赚钱虽然可能在短期内带来丰厚的回报，但从长远来看，这种行为却潜藏着致命的风险。一旦被发现，不仅会身败名裂，失去亲朋好友的信任和支持，还可能面临巨额罚款和牢狱之灾。因此，我们心中必须始终绷紧法律这根弦，使自己的赚钱行为都在法律允许的范围内进行。

除了法律风险外，我们要清楚地认识到，无论通过什么方式赚钱，有些风险是值得去冒的，比如经过深思熟虑的投资决策；而有些风险则是绝对不能去冒的，比如那些可能危及生命和损失全部家当的极端选择。

防止致命风险的关键在于制订合理的投资策略和经营计划，并提前设计防范和化解风险的机制和措施。在投资时，我们应该根据自己的风险承受能力和投资目标，选择适合自己的投资项目和方式，分散投资，进行合理的资产配置。不要过于集中投资于某一个项目或领域，更不要轻易涉足带杠杆的投资品。同时，还要关注市场动态和政策变化，及时调整投资策略，以应对可能出现的风险。

在经营过程中，我们应该防止的致命风险包括但不限于市场风险、财务风险、法律风险以及管理风险等。市场风险主要源于市场需求的波动、竞争对手的崛起及新技术的出现等；财务风险则与资金流、成本控制及投资策略密切相关；法律风险则涉及合规经营、知识产权保护等方面；而管理风险则主要来自内部管理的疏漏和决策失误。经营者要建立完善的风险管理体系，加强市场研究和预测，保持财务稳健，注重合法合规，并优化内部管理。

总之，赚钱不能因为风险而却步，也不能因为贪婪而盲目冒险，特别是不能冒致命的风险。只有在保守与冒险之间找到平衡，我们才能赚到更多的钱，同时又能守护好来之不易的财富。

◆ 第十二章 守钱逻辑：用心守护来之不易的财富，别让它如流星般转瞬即逝 ◆

◎致富后低调行事，以免被仇视或垂涎

穷的时候，要学会高调，越穷越要装富有；富有的时候，反而要学会低调。千万不要把前后顺序搞颠倒了。

当你凭借自己的努力和智慧过上了富足的生活，一定要低调行事，这不仅是一种人生智慧，更是一种避免被仇视或垂涎的自我保护策略和底层逻辑。

当我们富足时，很容易成为他人关注的焦点。有些人可能会对我们的成功感到羡慕，而另一些人则可能会产生仇富心理。这种可能源于他们自身的失败感、嫉妒心，或者是对社会不公平的不满。无论是出于哪种原因，这种仇视都可能会转化为实际的行动，对我们的财富和人身安全造成威胁。

比如，有些人可能会因为嫉妒而在背后说三道四，破坏我们的声誉；有些人可能会想方设法接近我们，试图从我们这里借钱或者获取利益；更有甚者，可能会采取不正当的手段来侵犯我们的财产。这些潜在的风险，不仅可能来自陌生人，还可能来自身边的熟人，他们或许表面上很友好，内心却隐藏着不可告人的目的。如果不懂得低调行事，就很容易陷入不必要的纷争和危险之中。

在历史的长河中，我们可以看到许多这样的例子。古代的一些富豪，因为过于张扬、高调展示自己财富，最终遭到了盗贼的洗劫或被官府抄家。他们或许在一时之间飞扬跋扈、风光无限，最终却因为不懂低调而遭遇不幸。在现实生活中，我们也可以看到一些因高调行事而遭遇不幸的例子。比如，一些富二代因为炫富而引起他人的仇视，导致自己和家人受到

伤害；一些明星因为过于张扬而被媒体曝光隐私，断送了演艺生涯；一些富商因为"有钱就任性"而被敲诈勒索、绑架甚至杀害。这些例子都告诉我们，富足时低调是多么的重要。

相反，有些人则懂得低调行事。例如比尔·盖茨，尽管他是世界上最富有的人之一，但他一直保持着低调的生活方式；沃伦·巴菲特也以低调和谦逊著称。这些成功人士的做法为我们树立了很好的榜样，让我们明白富足时低调能够更好地保护自己，避免不必要的麻烦。

致富后行事低调是一种成熟和稳重的态度，它不仅有利于保护自己，也有助于我们保持内心的平静，让我们更好地与他人相处。低调让我们能够保持清醒的头脑，不会因为一时的得意而忘乎所以，内心比较平静，更懂得珍惜自己所拥有的，享受生活的美好。同时，低调的人不会有那种高高在上的感觉，更加有亲和力，能让他人感受到真诚和友善。这样不仅能够赢得他人的尊重和信任，还能建立良好的人际关系，为自己的发展创造更好的环境。

那么，我们应该如何在致富后做到低调呢？

第一，要学会控制自己的言谈举止。每个人都有自己的生活和追求，我们没有必要通过展示自己的富足来凸显优越感，以免给人留下不良印象。无论在公共场合还是在日常生活中，我们都要有谦逊的态度，尊重他人的努力和生活，避免过多地谈论自己的财富状况，不刻意去比较和炫耀，不因自己的富足而轻视或欺压他人，要以平等的心态对待每一个人。

第二，注意自己的穿着打扮和消费习惯。不要穿着过于华丽的服装，不要过分追求名牌和奢侈品，不要开过于显眼的豪车，办事情不要过于奢华和铺张，以免引起他人的侧目。我们要以一种朴素、平实的形象出现在人们面前，让他人难以察觉我们的财富状况。

第三，学会合理规划和管理自己的财富。我们可以将一部分财富进行投资理财，让它们不断增值；也可以将一部分财富用于公益事业，回馈社会，去帮助那些需要帮助的人。这样不仅可以让我们的财富得到更好的利用，还可以让我们树立良好的形象，赢得他人的尊重和认可。

第四,要不断提高自己的修养和素质。真正的富足不仅仅是物质上的丰富,还有精神上的充实。通过不断学习和提升自我的修养和素质,我们可以更好地理解生活的意义,也能让自己成为一个有内涵、有品质的人。

当然,致富后保持低调并非要放弃防范意识,我们要在低调前行的同时采取必要的措施,守护好自己的劳动成果。只有这样,我们才能拥有更加美好的未来!

主要参考文献

[1] 周建武.逻辑学导论[M].北京：清华大学出版社，2021.

[2] 梁建桥.财富管理理论与实践[M].北京：首都经济贸易大学出版社，2021.

[3] 曾鹏宇.普通人的财富战斗[M].北京：北京联合出版有限公司，2021.

[4] 张志成.逻辑学教程[M].北京：中国人民大学出版社，2022.

[5] 邱浩然.财商素养[M].北京：中国财政经济出版社，2022.

[6] 廖日昇.赚钱者的心态[M].北京：中国宇航出版社，2023.

[7] 李爱红.财商训练[M].北京：中国财政经济出版社，2023.

[8] 李一舟.创富[M].北京：民主与建设出版社，2023.

[9] 王溢嘉.人性心理学[M].北京：台海出版社，2023.

[10] 李笑来.财富自由之路[M].北京：电子工业出版社，2023.

[11] 胡塞尔.逻辑研究[M].北京：商务印书馆，2023.

[12] 曾驿翔.穷人穷口袋富人富脑袋[M].宁波：宁波出版社，2023.

[13] 王极盛.应用心理学实操讲义[M].北京：中国石化出版社，2024.

[14] 舒泰峰.财富善战者说[M].杭州：浙江教育出版社，2024.

[15] 张一弛.逻辑思考力[M].北京：中国经济出版社，2024.